novum pocket

Horst Czernik

Arbeitswelt, Kapitel 1 und Mein privates Leben, Kapitel 2

novum pocket

Bibliografische Information
der Deutschen Nationalbibliothek:

Die Deutsche Nationalbibliothek
verzeichnet diese Publikation in der
Deutschen Nationalbibliografie.
Detaillierte bibliografische Daten
sind im Internet über
http://www.d-nb.de abrufbar.

Alle Rechte der Verbreitung, auch
durch Film, Funk und Fernsehen, fotomechanische Wiedergabe, Tonträger, elektronische
Datenträger und auszugsweisen
Nachdruck, sind vorbehalten.

Gedruckt in der Europäischen Union
auf umweltfreundlichem, chlor- und
säurefrei gebleichtem Papier.

© 2023 novum Verlag

ISBN 978-3-903382-73-2
Umschlagfoto:
Denniro I Dreamstime.com
Umschlaggestaltung, Layout & Satz:
novum Verlag

www.novumverlag.com

MIRUM est MUNDUS quo VIVIMUS

„Die Welt ist wunderbar"

ARBEITSWELT

Kapitel 1

Als ich am 11.12.1945 in Fortuna, Kreis Bergheim/Erft, Regierungsbezirk Köln, im linksrheinischen Braunkohlerevier, als Sohn von Arthur und Gertrud Czernik geboren wurde, war im April der zweite Weltkrieg zu Ende und es war schwierig die Ernährung einer Familie sicherzustellen.

Mein Vater hatte meine Mutter während seiner Stationierung, er war bei einer Panzereinheit, dort kennengelernt und sie verliebten sich. Nach der Gefangenschaft im berüchtigten Lager Remagen kehrte mein Vater völlig abgemagert, ausgehungert, nach Fortuna zurück um zu seiner Liebe zu kommen. Als er in Bergheim/Erft (Kreisstadt) um zu Fuß die 8 km bis nach Fortuna zu gehen, der öffentliche Nahverkehr war zusammengebrochen. Als er aus dem Zug stieg, wurde er von einem Einheimischen, den er während seiner Stationierung kennengelernt hatte, erkannt. Dieser lud ihn zum Essen ein. Die Leute dort, vorwiegend bäuerlicher Abstammung, hatten immer noch genug an Essensvorräten. Gestärkt und dankbar machte er sich auf den Weg nach Fortuna.

Fortuna (römische Göttin des Glücks) ist ein Kunstname, der von der damaligen Bergbaugesellschaft Rheinische Braunkohlenwerke, kurz Rhein-braun, für das dortige Braunkohleabbaugebiet so genannt wurde. Das dazugehörige Kraftwerk zur Stromerzeugung versorgte die Umgebung mit Strom. Rheinbraun hatte für seine Mitarbeiter Werkswohnungen errichtet, die für geringes Entgelt dort wohnen konnten.

Mein Großvater mütterlicherseits, Sylvester Jaskowiak, mit seiner Frau Katharina, geborene Geist, hatten so eine Wohnung in der Bethlehemerstraße. Diese war groß, sodass dort mehrere Personen wohnen konnten. So heirateten mein Vater und meine Mutter. Froh ein Dach über dem Kopf zu haben und genug zu essen. Opi Sylvester hatte einen großen Garten, in dem allerlei Gemüsesorten und Kartoffeln angebaut wurden. Außerdem wurde ein Schwein und Kleintiere wie Kaninchen, Hühner etc. gehalten. Von daher ging es allen gut in der Zeit des allgemeinen Mangels.

Bemerkenswert ist aber auch, dass meine Eltern am 18. August 1945 heirateten. Ich kam am 11.12.1945 zur Welt, was bemerkenswert war. Mit gerade einmal 2.500 g und 49 cm Länge. Na ja, nachdem ich von allen gehätschelt und umsorgt wurde, wuchs ich doch noch zu einem stattlichen Jungen heran.

Mein Opa Sylvester ging mit meinem Vater zur Personalabteilung von Rhein-Braun, um für ihn einen Arbeitsplatz zu bekommen. Damals ging noch viel mit „Vitamin B". Mein Opa, schon einige Jahre dort beschäftigt, als fleißiger, arbeitsamer Mann bekannt, wurde auch mein Vater von der Firma eingestellt. Ein Einkommen für die junge Familie war gesichert.

An Weihnachten wurde damals schon festlich gegessen, ein Schwein geschlachtet und reichlich Gemüse dazu gegeben. Immerhin lebten 7 Personen, quasi eine Großfamilie dort zusammen. Kühlschränke gab es nicht. Alles musste geräuchert werden. Diese Vorräte wurden in kühle Erdbunker eingelagert. Erwähnenswert ist auch, dass in der Nähe des Wohnhauses ein ehemaliger Bunker mit Erde zugeschüttet wurde. Bäume gepflanzt, Wege angelegt. Damit die Bewohner von Fortuna sonntägliche Spaziergänge unternehmen konnten. Für Kinder gab es im Sommer einen Abenteuerspielplatz, im Winter einen Schlittenberg zum Runterfahren.

Wir wohnten 5 Jahre in Fortuna. Im Alter von 5 Jahren Umzug von Fortuna nach Niederaußem in die Lindenstraße, eine Werkswohnung. Mein Vater wurde von Fortuna in die dortige Fabrika Fortuna-Nord versetzt. In der er seinen Dienst als Dreher antrat und bis zum Rentenalter dort verbrachte. In Berlin, wo mein Opa Ferdinand wohnte, hatte er bei der Firma Borsig eine Lehre als Dreher abgeschlossen, die Prüfung bestanden. Wir zogen nach 2 Jahren in die Frickestraße um, ebenfalls eine Werkswohnung. Dort hatte Rheinbraun neue moderne Häuser gebaut. Meine ganze Kindheit lebten wir dort. Viele junge Familien mit Kindern. Zum Spielen auf der Straße waren immer Kinder da. Es wurde meistens auf der Straße oder auf umliegenden Wiesen gespielt. Im Garten stand ein Sauerkirschbaum. Zur Kirschenzeit kletterte ich auf den Baum, um mir den Bauch vollzuschlagen. In meiner Gier schluckte ich auch die Kerne mit herunter.

Das Ergebnis ließ nicht lange auf sich warten. Ich wurde ins Krankenhaus nach Bergheim gebracht, da ich eine Blinddarmentzündung hatte. Diese musste sofort operiert werden. Dauer 10 Tage, ich durfte nur Flüssigkeit zu mir nehmen. Schrecklich.

Eines Tages lief uns ein brauner Dackel zu. Der allerdings nur auf 3 Beinen lief. Das 4. Bein war wohl durch eine Verletzung völlig degeneriert. Ich nannte ihn Hexi, er lief immer hinter mir her und war ein echter Spielkamerad. Eines Tages stand ein Förster vor unserer Haustür. Sein Hund, ein brauner Dackel sei ihm entlaufen. Bekannte hatten ihm gesagt, dass dieser bei uns wäre und er wolle ihn abholen. Nur meine Mutter war anwesend. Den Hund hielt ich in den Armen. Der machte keine Anstalten, seinen Herrn zu begrüßen. Ich sagte zu dem Förster, ich will ihn behalten. Meine Mutter wollte auf mich einreden. Na gut, sagte der Förster zu mir, du kannst ihn behalten, zur Jagd ist er sowieso nicht mehr zu gebrauchen. Mein Spielkamerad blieb bei mir.

Als wir Kinder größer waren spielten wir gerne Indianer. Bauten auf den umliegenden Wiesen unsere Zelte auf, führten Krieg gegen die Kinder der oberen Straße. Ausgemacht war, dass die Mitte der Straße die Grenze war. Mit Geschrei und Gebrüll besiegten wir sie. Selten gewannen sie. Nach Kriegsende war es ein paar Tage ruhig, bis es wieder von vorne los ging.

Wir spielten Hockey mit selbst geschnitzten Ästen und spielten mit alten Tennisbällen.

Dann kam der Rollschuh in Mode. Rollschuhe gekauft, damals für meine Eltern eine kostspielige Angelegenheit. Nachdem wir einigermaßen damit laufen konnten, wurden sie auch beim Hockey eingesetzt. Das war immer ein Spaß, denn oft rutschte man einfach in den Gegner hinein und setzte sie so außer Gefecht. Ganz freche Gesellen hielten einfach den Stock zwischen die Rollen, sodass man sofort stoppte und hinfiel. Gemein.

Dann kam die Zeit der ersten Kindertretautos. Heidi, deren Vater Elektriker war, hatte für sie ein Auto mit batteriebetriebener Hupe gebaut. Damit hupte sie ständig herum.

Dafür hatte ich ein Auto mit stabiler Blechkarosserie und ein richtiges Lenkrad.

Mit 6 Jahren find die Schulzeit an. Da ich und andere Kinder evangelisch waren, mussten wir in die alte Schule, die im Ortskern von Niederaußem lag. Auf dem Weg dorthin wurden wir oft von den katholischen Kindern, die in der neuerbauten Schule waren, gehänselt, manchmal verhauen. Unsere Volksschule bestand aus 2 Räumen. 1 Raum für die Schüler/innen der Klasse 1–4 und 1 Raum für die Schüler/innen der Klasse 5–8. Bis zur 4. Klasse kann ich mich nicht an nennenswerte Ereignisse erinnern. Wir waren gemischte Klassen, von daher fanden auch die ersten Liebesbezeugungen statt. Meist in Form von Zunge rausstrecken, blöde Kuh, verdrehte Augen. Na ja.

Auch mussten sich 2 Jungs melden, um in der großen Pause in der nahegelegenen Molkerei einen gemischten Kasten Milch/Kakao abzuholen. Die Anzahl der jeweiligen Flaschen wurde vorher von den Schulkindern bekannt gegeben. Das machten mein Schulkamerad und ich gerne. Die Abholer bekamen zur Stärkung als erstes eine Flasche Milch/Kakao gratis von dem Molkereipersonal. Das Ganze war eine Spende der Molkerei für die Schulkinder. Die Versorgung mit Essen war noch immer prekär. Die von den Eltern mitgegebenen Pausenbrote und die Spende der Molkerei ergaben ein kräftiges Frühstück. Auch war die Geschäftsführung der Molkerei und deren Milchlieferanten, die Bauern, sich bewusst, dass viele Familien mit Kindern sich diese Versorgung nicht leisten konnten. Es war der Nachkriegszeit geschuldet, dass der Zusammenhalt untereinander vorhanden war. Jeder brauchte jeden. Die Molkerei belieferte auch Rheinbraun, natürlich gegen Geld. Es ist anzunehmen, dass Rheinbraun auf die Geschäftsleitung der Molkerei hinwirkte, ihre Schulspende fortzuführen. Die Firmen in der Region waren alle irgendwie mit Rheinbraun verbandelt. Alle hielten zusammen. Gut so in der Zeit des allgemeinen Mangels.

In unserer Klasse gab es 2 Lehrer. Lehrer Kling, ein harter, ehemaliger U-Bootfahrer und Lehrerin Reschke. Ich erinnere mich noch sehr gut. Wir mussten von Friedrich Schiller das Gedicht „Das Lied von der Glocke" lernen. Wir mussten das Gedicht mit seinen 12 Strophen auswendig lernen und vor der Klasse aufsagen. Wer das nicht flüssig konnte, musste es 10-mal abschreiben, sozusagen als Strafe. Entweder im Nachsitzen oder zu Hause schreiben und am nächsten Tag wieder mitbringen. Auch ich war manchmal davon betroffen. Noch heute zitiere ich aus dem Lied der Glocke, weil das Gedicht sämtliche Lebensabschnitte aufzeigt.

Wir bekamen neue Schultische. Ich hatte mit meinem Taschenmesser meine Initialen HC eingeritzt. Lehrer Kling bekam einen Tobsuchtsanfall, als er das sah. Den Tisch müssen Deine Eltern bezahlen. Ich bekam einen „blauen Brief" mit nach Hause, zum Unterschreiben für meine Eltern, den ich am nächsten Tag wieder unterschrieben abgeben musste. Beim Überreichen des Briefes an meinen Vater setzte es gleich eine Backpfeife, obwohl er den Inhalt des Briefs noch nicht gelesen hatte. Dann wurde der Brief geöffnet und da stand schwarz auf weiß der Tatbestand meines Ungemachs. Mein Vater wurde blass. Einen neuen Tisch zu kaufen, konnte er sich nicht leisten. Letztlich ging die ganze Angelegenheit dann nach einem Gespräch mit der Schulleitung, Lehrer Kling und meinem Vater gütlich aus. Er brauchte keinen neuen Tisch zu kaufen. Es folgten auch keine Sanktionen für mich. Es war eine Lehre für mich, mit fremdem Eigentum besonders achtsam umzugehen.

In dieser Zeit war ich mit den Kindern des Fabrikdirektors Winklenkemper von Rheinbraun befreundet. Das kam so: Der Fahrer des Direktors hieß Seidl. Der war mit meinem Vater während des Krieges in derselben Panzerdivision. Seidl kannte den Steiger Longeru, der bei Rheinbraun arbeitete. Sein Sohn Ralf war mit den Winklenkemper-Kindern befreundet. Der Seidl kannte auch mich, erzählte dem Longeru, dass ich ganz in Ordnung sei. Eines Tages kam Rolf Longeru, den ich nicht kannte, zu mir und nahm mich mit zu den Winklenkempers-Kinder. Wir verstanden uns auf Anhieb alle gut. Die Winklenkempers wohnten standesgemäß in einer großen Villa mit Außenschwimmbad und einem großen Garten.

Für mich war das am ersten Tag ein umwerfendes Erlebnis. So etwas hatte ich noch nie gesehen. Es war wie im Traum. Dies ging mir ein Leben lang nicht mehr aus dem Kopf. Später realisierte ich diesen Traum.

Im Garten spielten wir Fußball, Basketball und Federball und vieles mehr. Im Sommer durften wir auch in das Schwimmbad, das mit 8x4 Metern recht groß war. Frau Winkelnkemper – stets besorgt um uns Kinder – gab uns nach dem Schwimmen und Spielen immer eine schmackhafte Brotzeit. Auch durfte ich mit den Kindern in einem großen Mercedes zum Abendessen fahren. Für mich immer ein großer Tag. So verging die Zeit. Die Winkelnkemperskinder gingen aufs Gymnasium, Rolf Longeru auf die Realschule und ich in die Lehre. Mein Vater hatte bei Direktor Winkelnkemper vorgesprochen, schilderte ihm die Lage und bat um eine Lehrstelle für mich. Ja sagte er, das geht. Ihr Sohn kann nach Grefrath in unsere Lehrwerkstatt. Eine vorbildliche Lehrwerkstatt.

Am 01.09.1959 mit 14 Jahren trag ich dort eine Lehre als Dreher an. Mit 350 Lehrlingen zusammen für das 1., 2. Und 3. Lehrjahr. Es war der größte Lehrbetrieb in Nordrhein-Westfalen. Wir fingen um 6:00 Uhr morgens an und hatten um 14:20 Uhr Feierabend. Erwähnenswert ist, dass ich jeden Morgen um 4:00 Uhr aufstand und die 17 km mit dem Fahrrad nach Grefrath zu fahren, um pünktlich um 6:00 Uhr in der Lehrwerkstatt zu sein. Egal, ob es regnete, schneite oder heiß war. Das war hart, aber erzieht den Charakter. Samstag und Sonntag war frei. In der Lehrwerkstatt hing eine Tafel an der Wand, auf der die Namen aller Lehrlinge aufgeführt waren. Wöchentlich wurden ausgeführte Arbeiten für jeden Lehrling von 1 bis 6 benotet. Wie nach Schulnoten. Ich lag immer im oberen Bereich 1 bis 3. Außerdem gab es 1 mal in der Woche, zur Ergänzung der Berufsschule, theoretischen Unterricht. Vorbildlich. In der Kantine bekamen wir schmackhaftes Frühstück und Mittagessen. Getränke nach Wahl. Nach der Mittagspause war auf dem danebenliegenden Werkssportplatz Gymnastik angesagt. 3 Jahre später war die Lehre zu Ende.

Spohrs Vorgesetzter hieß Kallenberg, Ingenieur, der die Gesamtleitung über den Komplex M und T (Maschinen-Turbinenabteilung) hatte. Meine ersten Lorbeeren hatte ich mir bei einem Turbinenausfall mit einer Leistung von 150 MW (Megawatt) erarbeitet. Durch den Schaden wurden alle Ortschaften in der näheren Umgebung stromlos. Tag und Nacht wurde an der Störung gearbeitet, insgesamt 48 Std. lang, um diese zu beheben. Ich war dem Reparaturteam und war ohne Schlaf im Einsatz. Mit Essen und Getränken wurden wir, vor Ort, von der Werkskantine versorgt. Nach erfolgreicher Arbeit lief die Turbine wieder. Überall war der Strom wieder da. Wir erhielten von der Werksleitung eine Belobigung, die mit erheblichen finanziellen Vorteilen ausgestattet war. Vor allem war ich jetzt als junger Mann bei der Werksleitung unter Direktor Müller bekannt. Was zu einem späteren Zeitpunkt zu einem weiteren Spezialauftrag führen würde. Davon später.

Während dieser Zeit besuchte ich die Berufsaufbauschule in Horrem. Eine Abendschule.
    Der Unterricht war an 3 Tagen, dienstags, mittwochs und donnerstags, in der Zeit von 19.00 bis 21.30 Uhr.

Mein Vater stellte mir seinen VW Käfer zur Verfügung. Die Unterrichtsdauer betrug 3. ½ Jahre. Nach bestandenem Abschluss erhielt ich die sogenannte Fachschulreife, die zur Teilnahme an einer Ingenieurausbildung berechtigt.

Zurückkommend auf meine Arbeit beim RWE wurde ich gefragt, ob ich auch tauchen könne, was ich bestätigte. Ein Absperrschott passte nicht in die 2 m unter Wasser liegende U-Schiene. Als ich tauchte stellte ich fest, dass die Schiene noch mit 3 punktgeschweißten Stabilisation Eisen versehen waren und die wohl von den Arbeitern nach ihrer Arbeit wohl vergessen hatten, diese wieder zu entfernen. Ein Berufstaucher war in der Kürze der Zeit nicht aufzutreiben. Also wurde ich angeleint, tauchte 2 m tief, sah und fühlte die 3 Stabieisen. Der werkseigene Autokran wurde benutzt, um mittels eines Stahlseils die 3 Stabeisen herauszuziehen. Ich tauchte 3-mal, um das Seil zu befestigen. Während der ganzen Zeit stand das Sanitätsauto mit seiner Mannschaft bereit, um bei Bedarf einzugreifen. Als ich mit der Arbeit fertig war wurde ich in warme Decken gewickelt, Puls gemessen etc. Das ganze Programm. Das Beste war, dass aus der Kantine belegte Semmeln mit warmen Wienerle und Bratwurst geliefert wurden. Medizinisch alles bestens und gut gestärkt wurde ich diesmal direkt zum Direktor Müller geführt, dessen elegantes, modernes Büro lag im obersten Stockwerk des Verwaltungsgebäudes, mit einer totalen Aussicht auf das Werksgelände und Umgebung. Ich war sehr beeindruckt, hatte so ein Büro noch nie gesehen. Direktor Müller stand auf, bedankte sich mit Handschlag bei mir für die geleistete Arbeit. Mir wurden fragte gleichzeitig, ob ich medizinisch alle gut überstanden hätte, was ich bestätigte. Mir wurden 2 bezahle freie Arbeitstage zugestanden, eine Sonderzahlung von DM 1.000 –, Netto bezahlt. Das konnte ich als junger Mann gut gebrauchen. Wichtig auch, wie ich später erfuhr, dass in meiner Personalakte stand. Für spätere höhere Aufgaben zu verwenden.

Jetzt war ich 17 Jahre alt, übte mit meinem Vater auf dessen VW das Autofahren für die Fahrschule. Dort brauchte ich dann nur noch 5 Fahrstunden, die gesetzlich vorgeschrieben wurden. Ich sparte mir viel Geld. Mit 18 Jahren bestand ich die Fahrprüfung und bekam im Dezember den Führerschein für PKW der Klasse 3.

Dieses Ereignis rief auch mein Opa Ferdinand, der Vater meines Vaters, der in Berlin wohnte, auf den Plan. Er kam immer mit stets gut gefüllter Brieftasche zu uns auf Besuch. Das habe ich mir gemerkt. Auch ich verreise heutzutage mit gut gefüllter Brieftasche. Dies Mal überreichte er mir DM 500,– für den Kauf eines PKWs. Opa, meine Eltern und ich feierten gebührend den Erfolg. Am nächsten Tag flog Opa Ferdinand zurück nach Berlin.

Tags darauf war ich schon auf der Suche nach einem preiswerten Volkswagen. Diesen fand ich auch bei einem Händler, der noch Fahrzeuge aus dem Kriegsbestand hatte. Farbe natürlich olivgrün und als Heckfenster ein sogenanntes Brezelfenster hatte. Ich machte eine Probefahrt alles bestens. Das Fahrzeug war neu, abgesehen von 10 km für die Überführungsfahrt. Wir einigten uns auf DM 500,–. Der Kaufvertrag wurde geschlossen und ich konnte am nächsten Tag, dass Fahrzeug zugelassen abholen. Die kosten der Zulassung zahlte ich bei Abholung.

Danach meldete ich mich in Köln bei der Rheinisch-Westfälischen-Technikerschule an. Studierte dort Maschinenbau. Nach 3 Jahren wurde der Abschluss erreicht. Jetzt war ich gelernter Maschinenbautechniker, konnte als Angestellter oder Selbständiger arbeiten. Das war 1968.

Jetzt geht's los.

In der Zeitung las ich eine Stellenanzeige der Firma Universal GmbH. Die suchten Luftbildfotografen, die einen technischen Hintergrund hatten. Wurde zu einem Bewerbungsgespräch nach Bonn eingeladen. Dort legte ich meine Zeugnisse vor, musste mündlich einen kurzen Abriss meines Lebenslaufs vortragen. Nachdem Gespräch wurde ich entlassen, mit dem Hinweis von ihnen in den nächsten Tagen Bescheid zubekommen, ob positiv oder negativ. Nach einigen Tagen kam ein Brief von Universal. Darin wurde mir mitgeteilt, dass ich unter einer Vielzahl von Bewerbern ausgewählt war. Weiter teilte man mir mit, dass ich ihnen mitteilen solle, dass ich auch gewillt wäre bei ihnen anzufangen. Alle Unterlagen für eine Anstellung vorab. Per Post an Universal schicken. Pünktlich um 8.00 Uhr sollte ich am 15.3.1968 dort erscheinen. Universal hatte seinen Geschäftssitz in der Konrad Adenauer Straße, direkt neben dem Auswärtigen Amt der Regierung. Tagtäglich sah man dort Diplomaten aus aller Welt vorfahren.

Nachdem Gespräch wurde ich zur Firma Mannhart überstellt. Mannhart war für die technische Ausbildung der

Luftbildfotografen zuständig. Innerhalb 4 Wochen wurde ich und noch 2 weitere Kollegen fit gemacht, inclusive fliegerischen Training auf Hubschraubertyp Brantley, die Mannhart gehörten. Er war begeisterter Hubschrauberpilot und hatte sämtliche Lizenzen.

Am 15.4.1968 wurden wir dann von Universal in die entsprechenden Einsatzgebiete beordert. Ich musste mir ein neues Auto kaufen. Der VW war zu klein um Gepäck, auch des Piloten Kameras aufzunehmen. Es war ein gebrauchter weißer Peugeot 404, gut in Schuss. Sehr komfortabel 4 Türen und weitere Ausstattung. Der Kaufpreis betrug DM 3.000, -. Teuer, aber er war es Wert. Ich einigte mich mit der Händlerfirma zinslos innerhalb von 3 Monaten zu bezahlen. Anzahlung DM 1.000, -. Da ich von den Spesen Leben konnte, mein Gehalt DM 1.500 netto betrug, konnte diesen Betrag für die Rückzahlung verwenden.

Die Zeit verging wie im Fluge und schon war die Flugsaison am 15.10.1968 beendet. Mit einer großen Feier in Würzburg, an denen auch die anderen Besatzungen teilnahmen, endete diese Saison. Danach wurde ich von Universal fest angestellt. Ich erhielt den Titel Cheffotograf, damit verbunden die Kontrolle über die Besatzungen. War für die technische Wartung der Luftbildkameras zuständig. Universal war auch in anderen Ländern vertreten, Schweden, Schweiz, Frankreich. Mir wurde ein großes Büro mit anschließender kleiner Werkstatt zur Verfügung gestellt. Ein Firmenwagen stand mir zur Verfügung, den ich auch privat nutzen konnte. Den Peugeot verkaufte ich für DM 1.500.- und legte das Geld auf mein Sparbuch. Mit dem Firmenwagen fuhr ich via Calais mit der Autofähre nach Dover. In England sollte ich, in London, Ersatzteile für die Kameras kaufen. Mannhart hatte dort eine Firma ausfindig gemacht, die Ersatzeile für die Kameras verkaufte. Die Ersatzteile waren neu, aus Beständen der Royal Airforce aus dem 2. Weltkrieg – die ein Händler in Harrigate-Nord, London zur Verfügung hatte. Die Einkaufspreise wurden verhandelt. Die Teile benötigten wir um unsere Kameras für die nächste Saison wieder herzurichten. Es waren Kameras mit hohen Verschlusszeiten, bei 1000 Sekunden per Auslösung, damit die Aufnahmefotos nicht verwackelten. Diese wurden mit der jeweiligen Bordspannung 12 oder 24v betrieben. Vor dem Fotoflug musste die rechte Hubschraubertür abgenommen werden, Doppelsteuer und Pedalen ausgebaut werden, um Platz für den Fotografen und die Aufnahme von 4 Filmmagazinen zu haben. Die Kameras wurden mittels Aufhängevorrichtung in den Türrahmen gehängt. Die Magazine hatten Platz für einen 30 m langen, 70 mm breiten perforierten Film. An den Kameras war ein elektrisches Zählwerk installiert, das bei jeder Auslösung die Fotos mitzählte. In der Regel Schafte die Besatzung 4 bis 5 Filme am Tag. 2 Flüge a. 4 Std. am Vormittag und nochmals am Nachmittag. Es wurde immer bei Sonnenschein fotografiert. Die Sonne musste das Objekt anstrahlen, wegen der Brillanz. Es wurden nur Farbfilme der Firma Agfa Gevart verwendet. Die Farbbilder kamen bei unseren Kunden gut an. Je nach Ausstattung betrug der Kaufpreis der fertigen Bilder zwischen DM 240,– und DM 1000,-. Trotz der hohen Kosten wurden den Vertriebsleuten förmlich aus der Hand gerissen.

Am nächsten Morgen flog ich zurück nach Bonn zu Universal, berichtete der Geschäftsführung. Auch die waren von dem erzielten Ergebnis beeindruckt, beauftragten mich eine kostengünstige Musterkamera mit Objektiv zu beschaffen. Naujokat erklärte sich bereit, einen solchen Dummy zur Verfügung zu stellen. Ebenso Ortsa erklärte sich bereit, einen passenden Anschluss für die Objektive zu bauen. Das funktionierte auch. Für die Vertriebler ein gutes Geschäft.

Ich wurde beauftragt nach neuen Luftbildkameras Ausschau zu halten. Die gab es auf dem Markt nicht, also recherchierte ich bei verschiedenen Firmen, die Spezialkameras bauten und Firmen die farbkorrigierte Objektive mit Brennweiten von 300 und 800 mm und entsprechende Blenden hatten.

Um gleich zur Sache zu kommen, verzichtete ich auf langen Briefwechsel, sondern telefonierte gleich mit den Firmen und machte einen Besuchstermin aus, was bei diesen gut ankam. Es kamen 2 Firmen in Betracht die Firma Naujokat und die Firma Orsta. Bei meinem Besuch bei der Firma Naujokat überraschten die mich gleich mit einer neuen Verschlussart, dem Rotationsverschluss. Es wurde ein Test zwischen Rotations- und Schlitzverschluss durchgeführt. Der Rotationsverschluss arbeitete schnell und präzise. Auch der Schlitzverschluss arbeitet schnell, barg aber das Risiko, das die Federn brachen und die Tücher rissen. Ich war von dem Rotationsverschluss begeistert. Am Nachmittag war ich den bei der Firma Orsta, die überraschten mich gleich mit verschiedenen Brennweiten, Blendeneffekte und Farbkorrektionen.

Am nächsten Tag flog ich zurück nach Bonn. Berichtete der Geschäftsleitung. Auch die waren begeistert und beauftragten mich eine kostengünstige Musterkamera bauen zu lassen. Das funktionierte auch. Ich telefonierte mit Naujokat und Orsta, die sofort zusagten eine Musterkamera zu bauen. Als Zeitraum für die Fertigung wurden 4 Wochen vereinbart. Das funktionierte auch. Als von den Firmen Vollzug gemeldet wurde, flog die Geschäftsleitung mit mir nach Berlin, um die Kamera in Augenschein zu nehmen. Es war eine Freude den Rotationsverschluss arbeiten zu sehen. Mit der Geschäftsleitung war abgesprochen, nach der Besichtigung den Kaufpreis zu eruieren. Kamera mit Objektiv sollten DM 20.000,- kosten. I

Als von den Firmen Vollzug gemeldet wurde, flog die Geschäftsleitung und ich nach Berlin, um die Kamera in Augenschein zu nehmen. Es war eine Freude, den Rotationsverschluss arbeiten zu sehen. Mit der Geschäftsleitung war abgesprochen, dass ich nach der Besichtigung den Kaufpreis eruieren sollte. Inklusive einer Optik von Ortsa wurden DM 20.000,00 genannt. Das nahm ich erstmals zur Kenntnis.

Zurück in Bonn wurde das Ganze erstmals ein paar Tage überdacht. Dann wurde festgestellt, dass man auch für die anderen Länder Kameras brauchte, jeweils 3 plus 1 in Reserve. Insgesamt waren das 16 Kameras. Damit war gewährleistet, dass man überall das gleiche System hatte und Austauschbarkeit und Wartung einfach war. Immerhin kostete das DM 320.000,00. Das war viel Geld. Für jedes der 4 Länder waren das DM 80.000,00. Am nächsten Tag telefonierte ich mit den Firmen und fragte, wie hoch der Kaufpreis bei 3 Stück wären. Es wurden 10 % Rabatt eingeräumt. Als ich dann mitteilte, dass weitere 13 Stück benötigt würden, räumten sie 20 % Rabatt ein. Das war mir viel zu wenig. Ich wollte unbedingt DM 15.000,00 erreichen. Ich wusste, dass die Firmen unbedingt im Geschäft bleiben wollten. Das hatte ich aus den Telefongesprächen herausgehört. Ich sagte, dass ich unsere Geschäftsleitung informieren und am nächsten Tag anrufen würde. Die waren mit dem bisherigen Ergebnis in der Sache zufrieden. Ich wollte den Kaufpreis auf DM 15.000,00 runter verhandeln, waren sie völlig weg. Am nächsten Tag rief ich die Firmen nochmals an und führte sie mit etwas Seelenmassage zu einem Kaufpreis von DM 15.000,00 hin. Auf Basis dieses Telefonats konnte die Geschäftsleitung die Verträge abschließen. Das war meine bisher größte Leistung hinsichtlich finanzieller Vertragsgestaltung. Ich war stolz auf mich. Abschließend ist zu bemerken, dass es für alle Beteiligten ein gutes Geschäft war. Denn ein gutes Geschäft ist nur, wenn alle Beteiligten zufrieden sind und sich keiner übervorteilt fühlt.

Als ich noch in Niederaußem wohnte, stand ein Mann vor der Haustür. Er stellte sich als Chef und Eigentümer der Allgemeinen Deutschen Luftbild GmbH vor. Er sagte, dass er schon viel von mir in der Branche gehört habe und er in München ein neues Fotolabor in einem Gebäude, das er kürzlich gekauft habe, aufbauen möchte. Außerdem sollte ich die Flugbesatzungen koordinieren. Sein Angebot, doppeltes Gehalt, Spesen und eine Sonderzahlung bei Fertigstellung des Labors in Höhe von

DM 30.000,00. Ich bat um Bedenkzeit, überschlief das Ganze. Er sah vertrauenswürdig aus und der Deal wurde per Handschlag besiegelt.

Es wurden keine schriftlichen Verträge abgeschlossen. Meine mündliche Zusage war wohl von großer Geldgier begleitet! Später habe ich niemals mehr ohne schriftliche Vereinbarung Verträge abgeschlossen. Nachdem ich das funktionsfähige Fotolabor aufgebaut hatte, verlangte ich den zugesagten Bonus in Höhe von DM 30.000,00.

Jetzt kam der Tag der Wahrheit. Er wollte den Betrag nicht zahlen. Darauf kündigte ich fristlos. Das hatte sich in der Luftbildbranche rumgesprochen. Universal wollte mich wieder zurückhaben. Das lies mein Stolz nicht zu.

Wir schreiben das Jahr 1970. Am Anfang der Aufnahmesaison wurde mir mitgeteilt, dass wir in Offenburg stationiert würden. Weiter wurde gesagt, dass wir bis zum Ende der Saison dort bleiben würden. Wir sollten große Teile des Schwarzwaldes ablichten. Offenburg hatte einen Flugplatz etwas außerhalb der Stadt. Ich checkte im Hotel Union ein. Mir wurde der Preis für die Übernachtung mit Frühstück genannt. Nicht gerade preiswert. Als ich sagte, dass ich ein halbes Jahr dableiben würde, wurde mir ein erheblicher Preisnachlass eingeräumt.

Offenburg Burda Stadt. Hier hatten die 3 Brüder ihr Verlagshaus, in dem sie überregionale Illustrierte herstellten und vertrieben. Auch waren sie Eigentümer. Frau Aenne Burda, auch Eigentümerin, zeichnete Schnittmuster für die Bekleidung von Frauen. Diese wurden den Illus beigelegt. Damit war gewährleistet, dass ein großes Verbreitungsgebiet die Schnittmuster erreichten. Auch wurden die Auflagen der Illus gesteigert, da einige der Zeitschriften nur für Frauen waren.

Unsere Flüge starteten wir von Offenburg aus, um auf einem Flugplatz zu landen, der weiterem Aufnahmegebiet lag. Nach Betankung des Hubschraubers und Wechseln der Filme machten wir unsere Mittagspause. Danach beflogen wir unser vorher festgelegtes Gebiet im Schwarzwald. Kurz vor 17:00 Uhr flogen wir wieder nach Offenburg zurück. Wie üblich das Prozedere am Ende des Tages.

Abends gingen wir in ein Gasthaus namens Sonnepost zum Essen. Es war brechend voll. Kein Wunder. Essen und Getränke waren äußerst preiswert. Die Leute rückten noch etwas zusammen, sodass wir sitzen konnten. Wir wurden ausgibig befragt, woher wir kommen und was wir machen. Wir antworteten, dass wir Flugbilder in großen Teilen des Schwarzwaldes herstellten. Danach bestellten wir unser Essen und Getränke. Ich nahm einen schwäbischen Ratsherrntopf. Dachte mehr an einen Eintopf. Es kam ein großer Teller mit mehreren Schweinelendchen, grünen Brechbohnen, Spätzle und Soße. Dazu trank ich ein Bier. Es schmeckte köstlich, ich hatte Mühe, alles aufzuessen. Danach verweilten wir noch etwas bei Bier und Wein. Als fast alle Gäste sich verabschiedet hatten, bezahlten auch wir unsere Zeche. Ich fragte die Kellnerin nach dem Namen des Besitzers, sie erschrak sichtlich und dachte wohl, dass wir uns über sie beschweren wollen. Der Besitzer kam mit ihr zurück an unseren Tisch. Er fragte mich, worum es ginge. Daraufhin antwortete ich, dass wir das nächste halbe Jahr bei ihm zum Essen kommen würden und er uns zwei Plätze reservieren könne. Selbstverständlich ginge das. Die Kellnerin war sichtlich erleichtert darüber, dass es nur um die Reservierung ging. Am nächsten Abend sahen wir schon unseren Tisch, auf dem stand „für das nächste halbe Jahr reserviert". In der Folgezeit brauchten wir nicht zu hetzen, um pünktlich zum Essen zu kommen. Die Plätze waren immer frei. So konnten wir jederzeit entspannt zum Essen kommen.

Nach 4 Wochen bemerkte ich, dass es schräg gegenüber dem Hotel eine Diskothek namens Big Bang gab. Da muss ich in den nächsten Tagen abends einmal hingehen. Eines Abends, kurz nach 20:00 Uhr, betrag ich diese. Schwungvolle Musik mit den neuesten Hits der damaligen Zeit begrüßten mich. Ich ging an die Bar und bestellte eine Flasche Whiskey der Marke Chivas Regal. Der Barmann sah mich ungläubig an. Darauf entgegnete ich, dass eine Flasche preiswerter ist, als jedes Mal ein einzelnes Glas zu bestellen. Zu meinem Erstaunen räumte er mir einen Rabatt von 15 % auf die Flasche in. Ich bat ihn, mir ein Glas einzuschenken und Eis dazu zu geben. Dann gesellte ich mich an den Tresen, der die Tanzfläche begrenzte. Dort stand ein junger Mann, der mir sympathisch war. Der schaute mich an und fragte, woher ich denn komme. Ich sagte ihm, dass ich ein halbes Jahr in Offenburg sei, um für unsere Firma einen großen Teil des Schwarzwaldes zu befliegen, um Flugbilder zu machen. Wir sind auf dem Flugplatz Offenburg stationiert. Dann fragte ich ihn, ob ich ihm einen Whiskey spendieren dürfte. Ich sah, dass er sich aufrichtig freute. Nachdem ich ihm den Whiskey überreicht hatte, bot ich ihm das Du an. Ich bin der Horst und ich Detlef, worauf wir anstießen, und unsere Getränke genossen. Dann kam eine junge Frau auf uns zu, die hinreißend aussah, wie ich bemerkte. Das ist meine Schwester Brigitte, sagte Detlef und ich bin der Horst sagte ich. Fragte, ob sie auch einen Whiskey haben möchte. Sie verneinte. Schlagfertig, wie ich bin, antwortete ich, aber ich habe schon das Eis dazu bestellt. Sie schummelte und sagte, wenn das so ist, nehme ich gerne einen. Ich ging an die Bar und ließ mir noch einen Whiskey mit Eis natürlich geben. Inzwischen hatte Detlef sie wohl über meine Tätigkeit informiert. Sie sah mich euphorisch an. Wir stießen an, tranken einige Schlucke. Dann kam der Song Lola. Mein Lieblingssong. Ich fragte sie, ob sie mit mir tanzen möchte. Gerne antwortete sie. An diesem Abend tanzten wir oft und becherten auch einige Whiskeys. Bei der Verabschiedung fragte ich sie, ob ich sie Wiedersehen dürfe. Ja antwortete sie und sagte, dass sie in der Brachfeldstraße wohne. Dort könne ich sie aber nur am Wochenende erreichen, da ich vor- und nachmittags Unterricht habe. Ich bin Lehrerin. Am nächsten Tag besuchte ich sie in der Brachfeldstraße, wo sie wohnte, mit einem Rosenstrauß, über den sie sich sehr freute. Sie fuhr einen blauen Fiat Spider Cabrio, damals ein Kult Auto, mit dem sie mir die nähere Umgebung von Offenburg zeigte. Das alles war immer nach 17:00 Uhr und am Wochenende möglich. Sie arbeite als Lehrerin in der Schule.

Einmal spazierten wir auf dem Löcher Berg durch das Waldgebiet. Sie hatte ein umwerfend kurzes Kleid an, wie es damals Mode war. Ich war hingerissen, umarmte und küsste sie, was sie auch geschehen ließ.

Von daher gab es kein Halt mehr für mich, ich hatte mich unsterblich in sie verliebt. Auch unternahm sie mit ihrer Freundin Monika Fahrten nach Basel. Des Öfteren lernten sie auch dort jüngere Männer kennen. Eines Tages hatte ich das „Vergnügen" einen solchen zu erleben. Dem war ich dialektisch haushoch überlegen. Ich bemerkte an Brigittes Gestik, wie sie mich still bewunderte. Somit hatte ich für die Zukunft gewonnen. Richtig so. Als ich später Offenburg wieder verlassen musste und bei Universal im Innendienst war, fuhr ich jedes Wochenende mit dem Auto ab Freitag 16:00 Uhr von Bonn nach Offenburg. Immerhin 500 km, um das Wochenende mir ihr zu verbringen. Meistens trag ich gegen 20:00 Uhr dort ein. Wir verlebten immer eine schöne Zeit miteinander. Montagfrüh um 3:30 Uhr fuhr ich wieder zurück nach Bonn, um pünktlich um 8:30 Uhr in der Firma zu sein.

Eines Tages teilte Brigitte mir mit, dass sie nach Müllheim, südlich von Freiburg beruflich versetzt wurde. Dort hatte sie am Marktplatz ein 1-Zimmerapartement mit Küche, Bad WC und Dusche zu einem akzeptablen Preis angemietet. Die Besitzer Jenne wohnten im Obergeschoss. Das Haus war ein Neubau. Er war Sanitärmeister, hatte einen eigenen Betrieb. Von daher wurde die Haustechnik bestens gewartet und in Stand gehalten.

Ich half Brigitte beim Umzug von Offenburg nach Müllheim, der an einem Wochenende durchgeführt wurde. War behilflich beim Einrichten der Wohnung. Baute die Kücheneinzelteile, die aus einem gebrauchten Elektroherd, einer Waschmaschine, die sie schon in Offenburg hatte, ein und schloss die Elektrik an und weiterer diverser Teile. Alles lief reibungslos ab. Am Abend konnten wir schon kochen. Brigitte bereitete einen leckeren Bohneneintopf zu. Mir schmeckte es ausgesprochen gut. Ich freute mich immer, wenn ich freitags nach Müllheim fahren konnte.

So kam es, dass wir uns 1971 an Sylvester in Füssen verlobten. Mit dabei war auch Freundin Monika und ihr Freund Uli, die das Gasthaus ausgesucht hatten. Am Neujahrstag ließen wir das Frühstück ausfallen, da wir bis kurz vor Mittag geschlafen hatten, um dann gleich zum Mittagessen überzugehen.
In Müllheim hatte ich bei einem Juwelier 2 Weißgoldringe gekauft. Brigitte war begeistert von den Ringen, sagte, sie liebe Weißgold und gab mir einen Kuss. Dann verabschiedeten wir uns und fuhren zurück nach Müllheim. Wie üblich 3:30 Uhr fuhr ich zurück zu Universal.

An einem Wochenende fuhren wir nach Niederaußem. Dort wollten wir uns mein Haus und den Ort ansehen. Brigitte sagte nach der Besichtigung, dass es ihr hier überhaupt nicht gefalle. Insbesondere weil der Ort an das RWE-Kraftwerk mit seinen hohen Kühltürmen grenzt. Wir besuchten auch meine Eltern, wo meine Mutter und mein Vater sie kennenlernten. Auf der Rückfahrt nach Müllheim entschieden wir, dass wir nach München ziehen wollten. Auch weil Brigitte ein Faible für die Alpen hatte. In der Zeitung hatte Brigitte ein günstiges Wohnungsangebot gefunden. In Niederroth, ca. 20 km vor München, wo wir heute noch leben. 4 Zimmer, Küche, Bad, Gäste WC, eine Doppelgarage und geringe Betriebskosten. Die Vermieter Ostermayr waren kinderlos und sehr nett. Frau Ostermayr betrieb in einem kleinen Anbau die Postfiliale. Schnell wurden wir uns einig, schlossen den Mietvertrag ab. Das war im Juni 1972. Jetzt konnte Brigitte ihrem Dienstherrn, die Regierung von Baden, um Versetzung nach Bayern bitten. Dem wurde auch stattgegeben.

Am 21.07.1972 mussten wir heiraten. Denn Brigitte wurde von der Regierung von Oberbayern nur dann übernommen, wenn sie verheiratet wäre.

Die Hochzeit fand in Müllheim statt. Morgens standesamtlich, abends in einem kleinen Gasthaus, das schmackhaftes Essen zubereitete. Dort waren wir schon des öfteren zum Essen gewesen. Wir mussten mit unseren finanziellen Möglichkeiten haushalten. Bei einem ansässigen Juwelier hatte ich für Brigitte ein Weiß-Collier bestellt. Nun holte ich es ab, es verzögerte sich etwas, da der Juwelier fragte, wieso ein Rheinländer hier in Müllheim ist. Darauf antwortete ich: es ist die Liebe. Von daher verzögerte sich mein Eintreffen bei der Hochzeitsgesellschaft. Schon wurde kolportiert, ich hätte mich über die naheliegende französische Grenze aus dem Staub gemacht. Die Braut – standesgemäß in einem weißen Kleid – freute sich umso mehr, als ich das Collier als Hochzeitsgeschenk überreichte. Alle waren in Hochstimmung und traten den Weg zum Standesamt an. Mit dabei waren meine Eltern, meine Schwester, Brigittes Vater Hans, ihre Mutter Annemarie, ihr Bruder Detlef, ihre Großeltern Bernard und Barbara. Nach dem standesamtlichen Akt lud uns Hans zum Mittagessen ein. Befreit von dem standesamtlichen Akt ließen wir es uns schmecken. Ihr

Vater fuhr nach dem Essen zurück nach Karlsruhe, da er noch einige wichtige Termine wahrnehmen musste. Etwas ermattet zogen wir in ihre Wohnung in Müllheim zurück. Zum Abendessen hatten wir ein schmackhaftes Menü bestellt, das bei unseren Gästen gut ankam.

Im August 1972 erfolgte der Umzug nach Niederroth, wie üblich in Eigenregie. Wir kauften in Karlsruhe das Schlafzimmer bei dem Möbelhaus Mann, Lieferung und Aufbau waren im Preis inbegriffen. Eine neue Couchgarnitur kauften wir in München im Wertkauf. Teuer, aber gut in hochwertiger Qualität. Wir richteten unsere Wohnung dank Brigitte recht hübsch ein. Unser Schlafzimmer lag direkt neben dem Arbeitszimmer (später wurde es zum Kinderzimmer umgestaltet), in dem teilweise ihre Möbel aus Müllheim Verwendung fanden. Im Esszimmer stand eine reichhaltig ziselierte Vitrine mit Glanzlack überzogen, die hatte sie von ihrer Oma geerbt und dadurch besonders zur Geltung kam. Das ehemalige Zeichenbrett, in weiß ihres Vaters, wurde um Esstisch umfunktioniert. Dazu passend 8 Klappstühle in heller Eiche. An den Längsseiten jeweils 3 und an den Breitseiten jeweils 1 Klappstuhl. Ja, wir mussten mit unseren finanziellen Mitteln haushalten. Brigitte schaffte es immer, mit als und neu ein gemütliches Heim zu schaffen. Im breiten Gang wurde ein weißer Garderobenschrank aufgebaut, Bad und WC mit Spiegelschränken versehen.

Ich hatte bei Universal gekündigt unter Einhaltung der Kündigungsfrist, was sie sehr bedauerten, aber den Umständen entsprechend doch verstanden. Es war unmöglich, tagtäglich von München nach Bonn zu fahren und wieder zurück.

Zwischenzeitlich hatte sich ein Pilot, der für die Papierfabrik in Dachau seinen Chef und Eigentümer zu verschiedenen Zielen flog, bei mir in Niederroth vorgestellt. Er hieß Bernd Semrau und sagte, er hätte gehört, dass in der Luftbildbranche viel Geld zu verdienen sei. Ich antwortete ja, das sei möglich, wenn man es kann. Daraufhin sagte er deswegen komme er zu mir, dass er in der Branche recherchiert habe und über mich gehört habe, dass ich sowohl als Luftbildfotograf wie auch im Fotolaborwesen sehr gute Kenntnisse hätte.

Wir schreiben das Jahr 1974 ein ereignisreiches Jahr. Am 01.05.1974 gründeten wir, Bernd Semrau, Berufshubschrauberführer und Horst Czernik, Luftbildfotograf die LSI Luftbild GmbH (LSI Luftbild, Serien, Industrie) zu je 50 % Anteil und mit DM 30.000,00 gesetzlich vorgeschriebenem Stammkapital. Nun flog ich nach London, um bei dem bereits erwähnten Händler, 2 Kameras plus diverser Ersatzteile zu kaufen. Diese wurden von mir noch modifiziert. Die benötigten Teile erwarb ich bei den Firmen, bei denen ich auch für Universal einkaufte.

Bernd Semrau war für die Fliegerei zuständig. Ich für das gesamte Luftbildmanagement.

Für die Aufnahmesaison vom 15.05. bis 15.10. eines jeden Jahres wurde ein Hughes 269 C Hubschrauber gechartert. Die potenziellen Privatleute, die solche Hubschrauber zu ihrem Privatvergnügen flogen, rissen sich förmlich um uns. Von daher konnten wir immer einen guten Preis aushandeln. Den Zuschlag bekam der, der am günstigsten war. Das Gerät wurde trocken gechartert, das heißt, wir bezahlten den Sprit, Lande- und Abstellgebühr an dem jeweiligen Flugplatz. Alle anderen Kosten wie Wartung, Kaskoversicherung etc. gingen zu Lasten des Vercharterers.

Am Anfang taten wir uns schwer, die nötigen Vertriebsleute zu finden. Wie üblich machte die Konkurrenz schlechte Stimmung gegen uns. Sie hatten Angst, dass ihre Vertriebsleute zu uns wechselten. Einige wagemutige taten es trotzdem, weil wir etwas höhere Provisionen bezahlten. Ich ermunterte diese, auch weitere Vertriebler außerhalb der Konkurrenz anzuwerben, was auch gelang.

Am Anfang mussten wir die Filmentwicklung in Fremdarbeit bei einem Fotolabor in München machen lassen. Sehr teuer, da kein Labor die 30 m langen Filme am Stück entwickeln konnte. Das ging nur, wenn die Filme in Streifen von 5 m Länge geschnitten wurden, dadurch wurden immer einige Fotos zerstört.

In der 1. Saison flogen wir 200 Filme ein bei 220 Flugstunden ein guter Schnitt.

LSI hatte zwischenzeitlich in Dachau in der Pfarrstraße über dem Schuhhaus Relsor ein großes Büro mit 120 m2 angemietet. Dort waren wir täglich von 8:00 Uhr bis 18:00 Uhr, außer samstags und sonntags zu erreichen. Wir stempelten und beschrifteten die gelieferten Rohkopien für den Außendienst. Auch legte ich großen

Wert darauf, unsere Vertriebler täglich anzurufen, um die Stimmung festzustellen und ihre Vortagsumsätze zu erfragen. Das kam bei denen gut an. Mittags kauften wir uns in der Metzgerei gegenüber täglich eine leckere Leberkässemmel zum Preis von nur DM 1,00 – das musste sein.

Auch für die kommende Aufnahmesaison wurde geplant, um in den Gebieten nicht mit der Konkurrenz zusammen zu stoßen. Meistens gelang uns das, da der Süden Deutschlands bei Weitem nicht so stark beflogen war als der Norden. Auch planten wir unsere Aufnahmegebiete so, dass wir abends um 20:00 Uhr zu Hause waren. Nach dem Fotoflug mussten Heli und Kamera wieder für den nächsten Tag einsatzbereit gemacht werden.

Um die Filme nicht mehr in dem teuren Fotolabor in München entwickeln zu lassen, kaufte ich bei der Firma Kindermann in Würzburg ein Spiralfilmentwicklungsgerät, das 30 m lange Filme am Stück entwickeln konnte.

Das Gerät bestand aus einem Unter- und Oberteil. Mittels einer Edelstahlspirale, die mit einer steckbaren Kurbel ausgestattet war, wurde der Film nun problemlos in das Gerät gespult. Danach wurde mit dem Entwicklungsprozess gestartet. Mit den erforderlichen Chemikalien folgten analog die mit unterschiedlichen Zeiten das Stoppbad, wässern, Bleichbad, wässern, Stabilisationsbad, wässern, fertig. Das dauerte 30 Minuten. Nun wurden die entwickelten Filme bei Tageslicht aus dem Gerät entnommen und auf vorher befestigte Stöbe gehangen. Trockenzeit 8 Stunden.

Mittlerweile hatten wir in München-Trudering ein Studio und Labor gefunden, dessen Besitzer, Herbert Liebhart, ein junger Mann, der für die Firma Pfanni Fotos von den verschiedenen Knödelvariationen einschließlich Gemüse fotografierte und für deren Werbung gemacht wurden. Das war ein einträglicher Dauer-Job, der sein Studio über Wasser hielt neben anderen Aktivitäten im Bereich Fotografie. Liebhart bot sich an für uns die Rohkopien zu Printen, allerdings müssten wir den Printer stellen. Offensichtlich wollte er mit so einer Investition nicht hängen bleiben, falls wir in Insolvenz gingen. Wir kamen zu dem Schluss, dass es sinnvoll wäre, einen Printer anzuschaffen, auch wenn das wieder Geld kosten würde, denn das war bei uns noch rar. Aus alten Zeiten kannte ich in Hamburg eine Firma, die insbesondere kleine und mittelständische Firmen mit Laborgeräten ausstattete.

Ich nahm Kontakt mit dem Vertriebsleiter von LSP auf, stellte ihm mein Anliegen vor. Er empfahl mir den Printer HS 24, der für unsere Zwecke völlig ausreichend sei. Dieser konnte Vergrößerungen auf Fotopapier von 9x13 bis 18x24 cm printen. So weit so gut. Ich sagte, dass wir das Gerät nicht auf einmal bezahlen können. Das mache nichts sagte er und schlug eine Ratenzahlung von 3 oder 6 Monaten vor. Zinsen fallen keine an. Höchstwahrscheinlich waren diese schon im Kaufpreis eingerechnet. 10 Tage später stand der Printer in Liebharts Labor und er konnte loslegen. Wir bezahlten LSP innerhalb von 3 Monaten. Dieser Kontakt sollte sich auch später noch auszahlen.

Bei Liebhart arbeitete auch noch ein junger Mann namens Norbert Pilters, der sprintete unsere Rohkopien von unseren 30 m langen Filmen mit je 360 Fotos. Jetzt konnten wir große Mengen an gesprinteten Fotos abnehmen. Wir bezahlten die Kosten für die Fotopapierrollen und die Personalkosten von Norbert Pilgers. Das damalige Fotopapier war schon mit Kunststofffolie bezogen und hatte verschiedene Oberflächen. Matt, Seidenmatt und Hochglanz. Wir bezogen Papier und Chemie von der Firma Agfa-Gevaert.

Da kam der große Paukenschlag! Mein Miteigentümer Bernd Semrau sagte mir, dass er aus der LSI ausscheiden werde. Ich musste ihm einen Anteil in Höhe von DM 100.000,00 auszahlen, um seinen Anteil zu übernehmen. Die Sparkasse Dachau, unsere Hausbank, half und gab den erforderlichen Kredit. Trotzdem, dieser Betrag schmerzte sehr, da ich ja auch noch meinen privaten Hausbau finanzieren musste. So gut so schön. 1979 war das Haus fertig, wir konnten einziehen. Auch unser außenliegendes Fertigschwimmbecken wurde vom Autokran aufgestellt.

Das Schwimmbecken hatte die Maße 8x4 m. Im Folgenden wurde nur noch die azurblaue Folie mit Tritt und Seitendämmung durch eine Fachfirma verlegt. Filteranlage und Verrohrung baute ich selbst ein, fertig zum Schwimmen.

Jetzt, wo wir noch im Privaten sind. Am 04.01.1975 wurde unser Sohn Michael und 3 Jahre später, am 06.01.1978, heilig 3 Könige, Stefan geboren. 2 stramme Buben, an denen alles dran war.

Seit 1976 waren wir mit der LSI in das aufgelassene Schulgebäude der Gemeinde Markt Indersdorf gezogen, dass die Gemeinde zu äußerst günstigen Bedingungen an uns vermietet hatte. Sicher spielte es auch eine Rolle, dass sie sich zukünftig hohe Gewerbeeinnahmen versprachen. Bei diesem Umzug hatte ich auch kräftig investiert. Mit den guten Kontakten zu LPS Hamburg bestellte ich dort eine Papierdurchlaufentwicklungsmaschine mit einer Formatgröße von 70 cm Breite. Diese Maschine zog das Fotopapier automatisch durch die verschiedenen Chemikalienbäder, zwei Chromega Vergrößerungsgeräte und einen Printer HS 30, der Fotos bis zur Größe 30x40 cm fertigen konnte. So ausgestattet waren wir aufs Beste gerüstet. Bei der Lieferung der Papierentwicklungsmaschine fiel dem Spediteur diese vom LKW. Der zuständige Havariekommissar entschied, dass eine neue Maschine hermusste, da nicht auszuschließen war, dass Haarrisse in den einzelnen Kammern entstanden seien und die Chemischen Bäder ineinander verliefen. Ich ließ mir den Betrag von DM 8.000,00 auszahlen. Nachdem die Maschine aufgestellt war, befüllte ich sie mit den Chemikalien und ließ sie 48 Stunden laufen. Ich stellte fest, dass die Bäder nicht ineinander verlaufen waren. Bestens. Den Betrag verwendete ich für den Kauf einer Durchlauffilmentwicklungsmaschine der Firma Hostert Automata in Düsseldorf. Diese Maschine konnte innerhalb von 45 Minuten einen Film von 30 m Länge einschließlich Trocknung entwickeln. Man konnte bis zu 6 Filme aneinanderklammern, sodass nach 5 Stunden die Filme fertig waren. Der Kaufpreis betrug DM 30.000,00, welchen wir nach bewährtem Muster bezahlten. Mit der Anzahlung von DM 8.000,00 war Hostert einverstanden, den Rest in 6 Monatsraten zinslos. Offensichtlich waren wir nicht die einzigen Kunden, die nach diesem

Verfahren vorgingen. Mittlerweile hatten wir 6 Mitarbeiter für Labor und Versand. Auch Norbert Pilters, der als Laborleiter zum Einsatz kam, war zu uns gekommen.

Der hatte die Idee mit einer Fotozelle und Zählwerk an unserem kleinen Printer die lfd. Bildnummern für die Rohkopien einzukopieren. Nach einigen Versuchen gelang das auch. Von Agfa kauften wir einen Cuttomaten, der die Papierrollen mit den Fotos automatisch zerschnitt. Eine erhebliche Zeitersparnis.

Zu diesem Zeitpunkt waren die Vertriebsleute einzeln unterwegs. Um effektiver im Vertrieb zu werden und zu unserer Entlastung suchte ich aus ihnen zwei Herren aus, die sich in der Vergangenheit besonders hervorgetan hatten und ernannte sie zu Verkaufsleitern. Herr Dias und Herr Kramer hatten nun jeweils 15 Vertreter unter sich. Klar war auch, dass beide im freundschaftlichen Wettbewerb miteinander standen, um den besten wöchentlichen Umsatz zu erzielen. Das war gut fürs Geschäft.

Mittlerweile flogen wir mit 2 Hubschraubern. Semrau hatte einen Fotografen zur Ausbildung dabei, ich flog mit einem Berufspiloten, der alle Ratings auf dem Hubschraubertyp Hughes hatte.

Nach einiger Zeit wollten Dias und Kramer mehr Geld haben. Der Vertrieb arbeitete auf Provisionsbasis, die beiden hatten schon eine sehr hohe Superprovision, die auf Umsatzbasis bezahlt wurde und ihren Eigenumsatz steigerte. Es ist immer die Gier nach mehr. Zuerst kündigte Herr Kramer, dann folgte Herr Dias. Gut so, klare

Verhältnisse. Aus der zweiten Reihe wurden dann die Herren Kapfer und Rampold Verkaufsleiter. In dieser Zeit gönnten wir uns auch etwas, ich einen zitronengelben Mercedes S Klasse von der Autovermietung Hertz mit wenig km und preisgünstig.

Semrau einen gebrauchten Opel Diplomat, das Flaggschiff von Opel. Die Fahrzeuge machten uns viel Freude, zumal diese auf die LSI zugelassen wurden, konnten alle Kosten über die GmbH abgerechnet werden. Es machte auch Eindruck bei unseren Geschäftspartnern, Banken etc. und vieles ging einfacher über die Bühne als ohne. So ging es weiter, im Sommer fliegen, ab Oktober Innendienst mit vielfältigen Aufgaben. Das Beste war, man hatte Zeit für die Familie, Freunde, Bekannte und Vereine. Wie bereits bekannt, schied Semrau 1978 aus der GmbH aus. Ein Glück, dass mehrere Berufspiloten zu der Zeit bei der Bundeswehr ausschieden. Diese bekamen von der Bundeswehr zwecks Eingliederung in das Zivilleben eine Fortbildung bezahlt. Einige meldeten sich bei der LSI, fragten an, ob wir auch an diesen Fortbildungen Interesse hätten. Ich sagte zu und wir verständigten uns darauf, dass wir die Reisespesen übernähmen. Alle anderen Firmen strichen die von der Bundeswehr gezahlten Beträge zur Gänze ein, ohne Reisespesen zu zahlen, womit die Piloten nicht einverstanden waren. Die Piloten Wels, Grad und Liebler finden also eine 1,5-jährige Fortbildung bei uns an. Wir flogen mittlerweile mit 3 eigenen Hubschraubern, sodass jedes Gerät besetzt war. Auch hatten wir noch 2 Fotografen für die Aufnahmezeig ausgebildet und beschäftigt. Der 3. War ich selbst. So konnten wir gesichert über 500 Filme einfliegen, die der Vertrieb benötigte. Kurz vor Ende der Aufnahmesaison fragte Bert Liebler mich, ob er nicht einen Anteil an der GmbH kaufen könne, da die Fliegerei ihm viel Freude bereite und das seinem Münz- und Briefmarkenhandel sehr entgegenkomme, da im Sommer in diesem Geschäft immer Flaute sei. Ferner wollte er sich auch um den Flugbetrieb kümmern. Das kam mir sehr entgegen, hier eine Entlastung zu haben. Er erhielt einen GmbH-Anteil von 25 % zum Kaufpreis von DM 100.000,00. Wir vereinbarten weiter, dass er ein Tageshonorar für die geleistete Arbeit erhielt. Sehr komfortabel für uns, alles steuerlich absetzbar. Für die Flugtage erhielt er den üblichen Reisespesensatz.

In diese Zeit, 1980, fiel auch meine IHK-Reise nach China. Noch unter dem bayerischen Ministerpräsidenten Franz-Josef Strauße und dessen Wirtschaftsminister Jaumann, den ich noch von diversen Lions-Veranstaltungen kannte, wurde die Reise initiiert. Die Reisedauer war vom 11.06. bis zum 28.06.1980. Wir flogen von München via Anchorage/Alaska nach Japan/Tokio, Flughafen Narita. Dort übernachteten wir im Hotel Prince. Am nächsten Morgen Stadtbesichtigung von Tokio, danach Transfer zum Flughafen Narita, um im Anschluss mit China Airlines nach Peking/Beijing zu fliegen. Ankunft in Beijing um 19:30 Uhr Ortszeit. Im Flugzeug (ich glaube, es war eine russische Iljuschin), bekamen wir ein Essen serviert. Interessant dabei, wie das Essen serviert wurde. Zwei Stewardessen schoben einen zerbeulten Wagen durch den Mittelgang, gaben uns einen Blechnapf mit Löffel und schöpften Reis mit Gulasch aus. Na ja, wir hatten gerade 1980 und China mit Wirtschaftsminister DenkTiao Pink machte die ersten Versuche, sich dem Westen wirtschaftlich zu öffnen. Da wir auf Regierungsebene eingeladen waren, eine Handelskammer gab es nicht.

Alles war innerhalb der Regierung, wurden wir in das Gästehaus Nr. 14 der Regierung einquartiert. Zusätzlich wurden uns PKWs mit Fahrern gestellt. Wie sich später herausstellte, war das sehr praktisch, denn wenn wir zu den Meetings fuhren, wurden die betroffenen Straßen gesperrt. Der Samstag war ein strammer Tag. 08:30 Uhr Zusammentreffen und Begrüßung durch den Präsidenten, Herrn Zheng von CCPIT, 10:00 Uhr Gespräch mit Herrn Zhang Li, dem stellvertretenden Generaldirektor von Technik Import. 12:30 Uhr Informationsgespräch in der Deutschen Botschaft mit Mittagessen. Danach Anfang der Gespräche mit den einzelnen Abteilungen. Ich war erst am Mittwoch, 18.05.1980 um 09:00 Uhr bei Chinas Nord Industrie Gesellschaft zum Gespräch eingeladen. Wie ich später erfuhr, war das eine militärische Gesellschaft.

Um 18:30 Uhr folgten wir einer Einladung vom Präsidenten Wang Yao Ting zum Bankett. Im Beijing-Ente-Restaurant gab es Pekingente. Das Essen war hervorragend und schmeckte köstlich, dauerte 3 Stunden. Hierzu eine nette Episode: Nach dem Essen wurde ein Schnaps Mau Tai serviert, fürchterlicher Geschmack für uns Langnasen, so nennen die Chinesen uns Europäer. Der Präsident ging an 20 Tischen vorbei, jeweils ein Glas Mau Tai in der Hand und wir mussten mit ihm trinken. Wir fragten uns, ob er nur Wasser in seiner Flasche hatte, denn 20 Gläser dieses hochprozentigen Schnaps waren nicht leicht wegzustecken. Der Abend klang in heiterer Stimmung aus. Unsere Fahrer fuhren uns in Gästehaus zurück.

Am nächsten Tag, ein Sonntag, 15.06.1980, machten wir einen Ausflug zu den Ming Gräbern, dort wurden wir von den Einheimischen bestaunt. Die meisten von ihnen hatten noch nie Langnasen gesehen. Mein Gespräch war, wie bereits bekannt, am Mittwoch und ich hatte frei. Diese Zeit nutzte ich, um in Peking die Stadt zu besichtigen. Wyard Bracklo war in Peking geboren und aufgewachsen. Sein Vater war Diplomat gewesen. Wyard zeigte mir die Stadt und den Kaiserpalast.

Eindrucksvoll in den Straßen bemerkten wir erst Anzeichen der Lockerung für die Bevölkerung. Einzelne Geschäfte wie Friseurläden hatten Kopffotos von Damen und Herren im Schaufenster mit verschiedenen Haarschnitten und andere Geschäfte. Auch sah man hübsche, junge Frauen in westlicher Kleidung, die höchstwahrscheinlich aus den zahlreichen Bekleidungsfabriken stammten und dort kopiert wurden. Die überwiegenden Menschen liefen aber in ihrer blauen Kleidung umher, die Männer immer mit einer Art Schirmmütze auf dem Kopf.

Heute, Mittwoch, 18.06.1980 um 09:00 Uhr hatte ich mein Gespräch bei Nord China Industrie. Die Herren befragten mich intensiv und detailgenau über die LSI. Nachdem ich sie genauestens über uns informierte, merkte ich, dass sie daran weniger interessiert waren. Das sagten sie mir auch. Sie hatten angenommen, dass wir Satelliten- und Fernerkundung machten. Damit war unser Gespräch beendet, es gab kein Ergebnis.

Um 14:00 Uhr fuhren wir mit dem Zug nach Quingdao (Tsingtau). Ankunft am nächsten Morgen um 06:00 Uhr. Hier waren wir in der ehemaligen Deutschen Botschaft untergebracht, dem letzten Domizil von Tsankeicek, der dann von Maotsedongs Truppen besiegt wurde und auf die Insel Formosa (Taiwan) flüchtete.

In Tsingtau gibt es heute noch die Tsingtau-Brauerei, die von Deutschen gegründet wurde und die ein schmackhaftes Bier nach dem bayerischen Reinheitsgebot brauen. 1970 wurde der Brauerei mit deutscher Hilfe eine neue Abfüllanlage geliefert. Der Brauereidirektor war über unseren Besuch hocherfreut und lud uns zur Brauereibesichtigung mit anschließendem Umtrunk ein.

Samstags, 21.06.1980 um 10:20 Uhr fuhren wir mit dem Zug nach Shanghai und kamen dort am Sonntag gegen 08:30 Uhr an. Der Brauereidirektor gab uns noch 2 Kästen Bier als „Wegzehrung" mit, wie er meinte. Sonntag, Montag, Dienstag Übernachtung in Shanghai, Stadtbesichtigung und zur freien Verfügung. Von Shanghai flogen wir am 24.06.1980 um 10:30 Uhr über Tokio/Narita nach Hongkong. Transfer zum Hotel Hyatt Regency. Übernachteten bis zum 27.06.1980. In diesem Zeitraum von Hongkong Island, Viktoria Peak, Aberdeen, Repulse Bay. Am Abend 27.06.1980 Transfer zum Flughafen, Abflug nach München via London. Waren am 26.06.1980 gegen Mittag wieder in München. Im Rückblick war die Chinareise ein Erfolg, auch wenn es für die meisten Teilnehmer nicht von Erfolg geschäftlicher Natur gekrönt war. Außer Siemens und der Linde AG konnte niemand einen Abschluss vorweisen. So gesehen waren wir nur

Statisten, egal, es hat sich für mich gelohnt, die chinesische Welt im Umbruch zu erleben. Am Flughafen wurde ich von meiner Frau Brigitte abgeholt. Wir nahmen unterwegs ein Mittagessen ein, fuhren nach Hause und verbrachten die Zeit mit Erlebnissen der Reise.

Am nächsten Tag war ich wie immer um 07:30 Uhr im Büro und lies mir von Bert Liebler berichten, wie es zwischenzeitlich gelaufen war. Alles bestens.

Die Besatzungen einschließlich ihm hatten fleißig fliegen können. Auch im Vertrieb ging alles seinen Gang, die Umsätze lagen im normalen Bereich. Gut so. 1980 wurde das Monopol zur Herstellung von Luftbildern vom Staat aufgehoben. Viele neue Firmen entstanden, die in den Mark drängten. Teilweise mit unerhört unscharfen Fotos. Das versaute den Markt, weil alle über einen Kamm geschert wurden. Mit ihren Billigprodukten gerieten wir von der Kostenseite unter Druck. Wir konnten mit unserer hervorragenden Qualität nicht mithalten. Unsere Gewinnmarge ging gegen null. Was tun? Der größte Kostenblock waren die Provisionen mit Boni etc., die bis zu 45 % gingen. Mit einer neuen Provisionstabelle auf Basis Bildschnitt (bedeutet, dass aus einer bestimmten Anzahl von Bildern ein bestimmter Verkaufserlös erzielt werden sollte), versuchten wir den Vertrieb zu stabilisieren. Mit anfangs mäßigem Erfolg. Die Vertriebler mussten sich erst einmal an das neue System gewöhnen. Merke, das Umstellen von alten auf neue Systeme ist überall schwierig beim Personal. Die neuen Firmen versuchten auch unsere Vertriebler mit höheren Provisionen abzuwerben, worauf einige reinfielen und wechselten. Wir waren gezwungen, uns zu verkleinern.

Unter dieser erschwerten Lage arbeiteten wir bis 1982, konnten aber unter den noch immer anhaltenden Dumpingpreisen nicht weiter mithalten. Wollten auch nicht unsere Qualität aufgeben. So entschieden wir uns, unsere 3 Hubschrauber zu verkaufen. Die Geräte waren auf dem Markt kaum zu verkaufen, weil sie nur für den Fotoflug oder für Spazierflüge für reiche Leute geeignet waren. So konnten die Hubschrauber nur an die Firma verkauft werden, die sie auch geliefert hatte. Diese wurde mit allen Lizenzen beim Luftfahrtamt in Braunschweig registriert und wurden von denen jährlich überprüft. Die Rücknahme der Geräte erfolgte nur unter der Bedingung, dass eventuelle Reparaturen, teilweise mit Erneuerung von kompletten Bauteilen teuer war, sodass letztlich vom Verkaufserlös nicht mehr viel übrig blieb. Wir erhielten von der Firma eine Liste mit den Namen derer, die verchartern würden. Das klappte ach. Für unser neues Abnahmekontingent an Flugstunden von 200 bis 250 erzielten wir einen günstigen Charterpreis. Im Laufe der Zeit wurde der Hubschrauber immer bei demselben Besitzer gechartert.

Wie Sie sich erinnern, sind wir mit der LSI zur Miete nach Markt Indersdorf in die alte Schule gezogen. 2 Ärzte hatten das Gebäude von der Gemeinde gekauft, damit die ärztliche Versorgung in der Gemeinde sichergestellt wurde. Diese hatten ihre Wohnungen in oberen Geschossen, ihre Praxen und Wohnungen. Auch eine Apotheke sollte der Bevölkerung angeboten werden. Das würde in dem Teil sein, in dem unser Büro lag. Unser Labor, Versand mit angeschlossener kleiner Werkstatt lag in der ehemaligen Turnhalle im hinteren Teil des Gebäudes. Diese waren auch Bestandteil der Kündigung.

Darauf entschied ich in Niederroth in der Zweigstraße auf unserem zweiten unbebauten Grundstück ein kombiniertes Wohn- und Geschäftshaus zu errichten. Ein Dachauer Architekt zeichnete den Bauplan, fertigte den Eingabeplan für das Bauamt. Nach kurzer Zeit war die Baugenehmigung da, ich konnte loslegen. Beim Bau der Schulstraße durch die Baufirma Hermann in Dachau hatte ich mich mit einem freischaffenden Zimmermann angefreundet. Kurzerhand rief ich ihn an, fragte ihn, ob er mich unterstützen könne. Ja gerne sagte er. Wir einigten uns über den Arbeitspreis und legten los. Ein wahrer Freundschaftspreis. Auch hatte er eine komplette Maurerpartie, die die Maurerarbeiten übernahmen, an der Hand, mit denen er schon öfters gearbeitet hatte. Kurz vor Ostern 1982 hatten wir den Keller nebst Betondecke fertig. Das Ganze musste jetzt über Ostern aushärten. Dienstag nach Ostern sollten die Maurer kommen.

Brigitte mit den Kindern und Christiane, HS-Praktikantin machten Urlaub. Und zwar in Tunesien auf der Insel Djerba. Nachdem ich von Karfreitag bis Ostermontag nichts zu tun hatte, buchte ich einen Flug mit Tunis Air nach Djerba. Rechtzeitig zum Abendessen kam ich im Hotel dar Djerba an, checkte ein. Die Hotelleitung hatte so etwas noch nie erlebt, dass einer ohne Pauschalreise für 4 Tage übernachten wollte. Beeindruckt übergaben sie mir die nötigen Essensgutscheine. Als ich die Treppe zum Restaurant hoch ging, sahen mich die Kinder und schrieben Papa, Papa. Brigitte fiel vor lauter Staunen fast in Ohnmacht. Die Hotelleitung hatte den zuständigen Ober für ihren Tisch darauf hingewiesen, dass wohl der Chef käme. Der Tisch war schon für 5 Personen gerichtet. Ich bekam von ihm ein Begrüßungsgetränk mit den besten Wünschen der Hotelleitung. Das Essen schmeckte uns an diesem Abend besonders gut. Ich hatte einen Bärenhunger mitgebracht, gönnte mir einige Gläser Rotwein. Alle freuten sich über meinen Kurzbesuch. Den Kindern versprach ich, am nächsten Morgen ins Schwimmbecken zu gehen. Die hatten ihren Spaß, bespritzten mich mit Wasser und zeigten ihre Schwimmkünste. Brigitte und ich machten einen Strandspaziergang, derweil Christiane auf die Kinder aufpasste. Die leichte Meeresbrise tat uns gut, wir umarmten, küssten uns. Die Zeit verging wie im Fluge.

Am Ostermontag flog ich zurück nach München, um am nächsten Tag die Maurer einzuweisen. Schnell war das Erdgeschoss gemauert, die Betondecke gegossen und das Obergeschoss gemauert. Der Dachstuhl konnte aufgestellt werden. In Niederroth wohnte ein ehemaliger Zimmermann, der bei der Papierfabrik Dachau beschäftigt war. Ich fragte ihn, ob er mit mir zusammen den Dachstuhl aufbauen könne, ich hätte keine Ahnung. Das macht nichts sagte er und fragte, ob er sich die Baustelle an einem Freitagmittag nach der Arbeit anschauen könne. Nach seinem Aufmaß bestellte ich nach seinen Anweisungen im Sägewerk die benötigten Holzteile. Nun wurde ab Freitagmittag und Samstag gesägt, gehobelt und imprägniert. 4 Wochen später wurde der Dachstuhl aufgestellt, die Dachverschalung genagelt, die Aussparungen für die Dachflächenfenster ausgesägt. Die Maurer konnten den Kamin fertig mauern. Der Spengler Kamineinfassung, Regenrinnen, Fallrohre (alles in Kupfer) anbringen. Als von der Seite alles fertig war, wurde die Konterlattung für die Dachpfannen aufgenagelt. Die Dachflächenfenster eingebaut, Dachpfannen eingedeckt. Fertig.

Als Bezahlung für den Zimmermann war vereinbart, dass ich mit Freund Uli Haller, der Landschafts- und Gartenplaner war, die Arbeit übernähme.

Fußbodenheizung gelegt, Estrich vom Keller bis zum Obergeschoss eingebracht, Fenster und Türen eingesetzt, sodass die Maurer mit dem Verputzen, innen und außen beginnen konnten. Danach wurde in den Wohnzimmern Holzpaneelen verlegt, Fliesen, Bad und diverse weitere Arbeiten verrichtet. Am 1. April 1983 war alles fertig und die Mieter konnten einziehen. Diese waren von der Lage und Aufteilung der Zimmer begeistert.

Die LSI war schon im März in den großen Keller mit Labor, Kaschierstation, Versand und Büro gezogen. Wir hatten keine Laufkundschaft. Alles passte in die 180m2 große Fläche. Die verkauften und gerahmte Luftbilder wurden per Nachnahme versandt und die Postbank erledigte für uns quasi die Buchführung, weil diese Nachnahmeabschnitte, die die Postboten bei unseren Kunden einzogen und direkt an die Postbank weiterleiteten. Innerhalb einer Woche wurden uns die Abschnitte zugesandt und der Gesamtbetrag wurde unserem Postbankkonto gutgeschrieben. Das verschaffte uns schnelle Liquidität, denn der Vertrieb wurde wöchentlich nach Einreichen ihrer Aufträge verprovisioniert und bezahlt. Die Mieteinnahmen deckten den Kapitaldienst zu Gunsten der Sparkasse.

Das von ihm gebaute neue Haus für seine Tochter mit einer Gartenanlage versah. Wir, Uli und ich, arbeiteten mehrere Wochenenden daran. Nach 4 Wochen war alles fertig. Er freute sich sehr über die gelungene Arbeit und überreichte Uli einen Kasten Augustiner Bier.

Auch verreisten Brigitte und ich gerne, meistens in den Osterferien, da ich im Sommer fliegen musste. Unsere erste gemeinste Urlaubsflugreise ging nach Mallorca. Nach all den Jahren tat uns das richtig gut. Dort angekommen waren wir von dem 5 Sternehotel angenehm überrascht. Es hatte alle Annehmlichkeiten, die einem das Urlaubsleben erleichtern. Auch das Essen war reichlich und schmackhaft. Wir mieteten uns einen Suzuki-Jeep, der war in Deutschland noch nicht auf dem Markt und ich überlegte schon, ob ich dieses preiswerte Auto nicht vermarkten sollte.

Damals war es für die meisten Einheimischen noch ein Erlebnis, Ausländer zu begrüßen. Eines Tages fuhren wir nach Porto de Mogan in ein von der Haupttouristenstraße abgelegenes Fischerdorf. In der Mittagszeit kamen wir dort an. Hungrig kehrten wir in ein Gasthaus (spanisch Foda) ein. Wir sprachen kein Spanisch, versuchten es auf englisch, zwecklos. Die ganze Fischerfamilie war anwesend. Mit Händen und Füßen gestikulierend äußerten wir unseren Wunsch, Fisch zu essen. Das verstand der Fischer wohl, zeigte mit seinem Finger auf seine Uhr, der Finger ging eine halbe Stunde weiter, zeigte zum Meer und verschwand. Nach einer halben Stunde kam er mit einem Prachtexemplar von Fisch zurück. Er gab den Fisch seiner Frau, die ihn zubereitete und grillte. Mit Zitrone und Beilagen wurde er serviert. Sangria war auch im Hause, wir bestellten 2 Gläser. Als die Fischerfamilie uns beim Essen zusah und dass es uns sichtlich schmeckte, freuten sie sich sehr über unseren Appetit. Wir bezahlten unsere Zeche, die deutlich niedriger war als in den Touristengebieten und verabschiedeten uns mit einem ansehnlichen Trinkgeld. 14 Tage später flogen wir gut erholt nach München zurück.

Jetzt, mitten im Sommer, hatten wir bei LSI schon viele Filme eingeflogen und lagen gut über dem Soll. Wir machten mit unseren Kindern und Freunden einen Kurzurlaub in Italien am Gardasee, in Riva. Dort hatten wir im 5-Sternehotel Du Lac reserviert, teuer. Der Urlaub war für mich bereits am 1. Tag versaut. Auf dem Parkplatz des Hotels waren mir junge Leute mit ihrem Suftransportwagen, der aus diversen zusammengebauten Rohren bestand, die an den Enden weder entgratet, noch mit Schutzkappen versehen waren. Diese hatten an meinem neuen Mercedes S-Klasse die ganze rechte Seite verkratzt. Als ich mich bei der Hotelleitung beschwerte und fragte ob sie eine Haftpflichtversicherung hätten, verneinten sie mit dem Hinweis, der Parkplatz sei öffentlich und von daher brauchen sie keine Versicherung. Mir wurde klar, dass ich ohne Zeugen bei der örtlichen Polizei keine Anzeige machen konnte. Um uns nicht griesgrämig die Woche Urlaub zu versauen, beschloss ich zu Hause die Lackierung aus eigener Tasche zu bezahlen.

Das Hotel war wunderschön gelegen mit direktem Zugang zum See. Vorgelagert war ein Teich mit Zierfischen.

An deren Seite sich 10 Bungalows befanden. In einem wohnten wir, die mit 4 Zimmern und einer kleinen Küche ausgestattet waren. Da ich Frühaufsteher war, holte ich morgens beim nahegelegenen Bäcker Semmeln, Käse und Wurst zum Frühstück. Brigitte hatte dann bereits Kaffee und für die Kinder Kakao gekocht und fertig aufgedeckt. Meistens frühstückten wir auf unserer Terrasse, waren glücklich und zufrieden. Abends gingen wir mit unseren Freunden und deren Kindern zum Essen. Daher wollten wir mit unseren Kindern alleine zum Essen gehen. Wir fuhren mit dem Auto ca. 5km außerhalb von Riva, in das Restaurante la Grotta. Wir aßen fürstlich, allen schmeckte es. Dort an den Berghängen sahen die Kinder das erste Mal Fledermäuse, die recht nahe am Restaurant vorbeiflogen. Stefan war sehr beeindruckt. In der Nacht träumte er wohl von den Fledermäusen und rief nach seiner Mama, die ihn wieder beruhigen konnte. Natürlich waren wir nicht nur zum Faulenzen da. Wir hatten 2 Surfbretter dabei. Brigitte und ich konnten nicht surfen. Werner Wieder, ein Freund von uns, konnte es perfekt. Er erklärte erst die Theorie, dann die Praxis. Es stellte sich schnell heraus, dass das Surfen nichts für mich war. Brigitte machte es sehr gut. Am Gardasee, im nördlichen Teil herrschten vormittags für Surfer die perfekten Winde, Ora genannt. Brigitte wurde einmal von solchem starken Wind erfasst und düste sehr schnell über den See. Der Wind kam von

Raumschots, das heißt er bläst von hinten voll in die Segel. Vom Strand beobachtete ich den Vorgang, sah, dass sie weit entfernt, nicht mehr gegen den Wind kreuzen konnte um zurückzukommen. Ich rief Werner zu Hilfe, der surfte zu ihr. Gemeinsam kamen sie zurück, ich war heilfroh. Wir hatten auch immer Rettungswesten an. So übte Michael mit dem zweiten Surfbrett unter Werners Anleitung, aber immer in Strandnähe. Er stellte sich auf dem wackligen Surfbrett sehr gut an, hatte ein Gespür fürs Surfen. Da ich einen Segelschein hatte, mietete ich mir einen Laser (kleines Segelboot), um mit Stefan zu segeln. Wir segelten also los, hatte unsere Rettungswesten an. So kreuzten wir mehrmals über den See, dass das Boot einen unnatürlichen Tiefgang hatte. Ich segelte zurück zur Anlegestelle, wo wir gerade noch rechtzeitig vor dem Absaufen des Bootes ankamen. Wie sich dann herausstellte waren die zwei Gummiverschlüsse, die die einzelnen Kammern des Bootes verschließen, nicht vorhanden. In Italien muss man alles überprüfen, bevor man segelt. Bei der nächsten Anmietung eines Lasers prüfte ich als erstes, ob beide Kammern verschlossen waren. Mit Stefan segelte ich einen vollen Vormittag, was ihm sichtlich gefiel. Schnell verging die Zeit. Am Tag der Abreise frühstückten wir, verabschiedeten uns von unseren Freunden und fuhren zurück nach Niederroth.

Bei der LSI lief alles rund, keine besonderen Vorkommnisse. Bilder wurden gerahmt, verpackt und von der Post abgeholt. Das Jahr 1987 verlief ohne besondere Vorkommnisse.

Am 1. Mai 1988 hatten der Pilot Diehl und ich einen Flugunfall. Vorausgegangen war, der Pilot hatte sich bei uns als Aushilfspilot beworben, was uns sehr zu pass kam. Diehl war Pilot bei der Bundeswehr, hatte sämtliche Ratings auch auf Hughes Hubschrauber. Zum Auftakt der Flugsaison flogen wir vom Flugplatz Jesenwang bei Fürstenfeldbruck ins Einsatzgebiet. Geplant war, dass wir im Raum Thierhaupten bei Augsburg Fotoflüge durchführen wollten. Die Flugzeit bis ins Aufnahmegebiet betrug 30 Minuten. Die Tanks waren noch fast ganz voll, als wir in Thierhaupten abstürzten. Während des Fotofluges gab es plötzlich ein knirschendes Geräusch im Hubschrauber, Öldruck und die gesamte Leistung fiel ab. Diehl leitete sofort eine Autorotation ein, das Motor und Getriebe trennen, Hubschrauber steil nach unten stellen, durch die Sinkgeschwindigkeit behält der Heli seine Rotorumdrehung bei. Das ging auch. Doch dann machte Diehl einen Fehler, er hätte durch die Sinkgeschwindigkeit schon ein Luftpolster unter dem Hubschrauber. Bei großen Geräten wie z. B. bei Bell, Bölkow oder Aluette ist genügend kinetische Energie vorhanden, um den Hubschrauber sicher zu landen. Nicht so bei dem kleineren Hughes Heli. Der hatte diese nicht und brauchte für eine sichere Autorotation genügend Raum, um das Gerät mit Rutscheffekt beim Aufsetzen zu landen. Es kam, wie es kommen musste, wir stürzten in einen Jungbirkenwald, dessen Bäume den Aufprall abminderten, sodass wir relativ gut davonkamen. In den letzten Sekunden bis zum Aufprall betete ich zu Gott und bat darum, dass er mich am Leben ließ, damit ich für Frau und Kinder sorgen konnte. Offensichtlich half das Gebet. Der Hubschrauber neigte sich nach dem Aufprall zur Seite, Sprit lief aus dem Tank, aber es brannte nicht. Ich muss kurz besinnungslos gewesen sein. Als ich wieder zu mir kam, lag ich unter dem offenen Türrahmen, die Kamera daneben. Diehl stand mit seinen Beinen noch im Sicherheitsgurt hängend auf mir. Ich der rappelte mich, zog mich unter dem Türrahmen nach draußen. Dabei rutscht Diehl nach. Ich merkte, dass etwas mit mir nicht stimmte, weil ich so schlecht atmen konnte, kaum Luft bekam und mir der Brustkorb schmerzte, konnte aber aufstehen. Wankend, dann auf allen Vieren zog ich Diehl aus dem Hubschrauber, er hatte einen Schock, war unfähig etwas zu tun. Immer im Kopf habend, dass das Gerät Feuer fangen und explodieren konnte. Auf allen vieren, Diehl im Schlepptau, zog ich ihn weg.

Ein neugieriger Anwohner stand mit einer brennenden Zigarette im Mund dabei und bestaunte den Unfall. Ich rief ihm zu, er möge doch die Zigarette ausmachen. Ob er mich verstanden hatte, weiß ich nicht, aber er zog sich zurück. Mittlerweile waren Polizei und Feuerwehr vor Ort, sperrten die Unfallstelle ab und leisteten erste Hilfe. Viele Zuschauer schauten dem Geschehen zu. Dann kam der Bundeswehr SAR Hubschrauber. Auf Krankentragen wurden wir in den Hubschrauber gebracht und ins Klinikum Augsburg geflogen.

Wir kamen direkt auf die Intensivstation, wurden durchgecheckt. Mein Ergebnis: 4 gebrochene Rippen und leichte Prellungen, also alles bestens so weit. Wie ich später erfuhr, hatte Diehl einen angebrochenen Rückenwirbel. Er wurde dann von der Bundeswehr auf einen Bürojob versetzt. Mit der Fliegerei war es dann aus. Schade, trotz dieses Missgeschickes war er ein guter Pilot.

Zuhause hatte die Polizei über meinen Flugunfall informiert, konnten aber keine Aussage über meinen Zustand machen. Völlig aufgelöst rief sie unsere Lions Freunde Hans und Hilde Zaglauer an und berichtete, was passiert war, fragte Hans, ob er sie ins Krankenhaus nach Augsburg fahren könne, sie wäre nicht im Stande jetzt Auto zu fahren. Hans und Hilde kamen unverzüglich nach Niederroth. Hans fuhr Brigitte ins Klinikum nach Augsburg, während Hilde auf die Kinder aufpasste. Im Klinikum angekommen wurde sie direkt zu mir auf die Intensivstation geführt. Sicher war es ein Schock für sie, mich so liegen zu sehen. Insbesondere deshalb, weil neben mir ein Mann lag, der durch einen Arbeitsunfall mit einem herausstehenden Auge lag. Für Außenstehende ein makabrer Anblick. Ich war bei vollem Bewusstsein, durch die Verkabelung an den medizinischen Geräten sah alles viel schlimmer aus. Ich berichtete ihr, dass ich nur 4 gebrochene Rippen hätte und die Ärzte mir gesagt hätten, dass ich in 10 Tagen wieder nach Hause entlassen würde. Ein Seufzer entfuhr ihr, sie küsste mich auf die Stirn, während ich ihre Hand hielt. Jeden Tag kam eine bildhübsche Therapeutin zu mir. Ich musste eine halbe Stunde lang mit Pausen dazwischen in ein Rohr blasen. Zweck der Übung war, dass die Rippen nicht verklebten, wie sie sagte. Sonst würde das fatale Folgen für das spätere Atmen haben. Es blieb dabei, nach 10 Tagen und noch etwas wackelig auf den Beinen, wurde ich nach Hause entlassen.

Rechtzeitig zu meiner Entlassung aus dem Klinikum wurde unser Sohn Michael in Eichstock konfirmiert. In Eichstock gibt es eine der schönsten Holz-Kirchen in ganz Bayern. Ich bekam vorne im Hauptgang einen Stuhl hingestellt, damit ich nicht in den engen Bankreihen sitzen musste. Es war ein festlicher Gottesdienst. Schön zu sehen, wie die Konfirmanden/innen ihr Bekenntnis ablegten.

Nach dem Gottesdienst fuhren die anwesende Verwandtschaft und Michaels Freunde nach Altomünster ins Kappler Bräu, ein alteingesessenes Bayerisches Wirtshaus. Mit einem guten Essen wurde die Konfirmation abgeschlossen. Auf der Rückfahrt nach Hause führte die Straße durch herrlich blühende Rapsfelder. Nach meinem Flugunfall hatte ich eine noch größere Freude an der Natur entwickelt, als bereits vorher.

Ende Mai bin ich dann wieder geflogen mit kleinen Einschränkungen. Meine Sinne waren hellwach, ich hörte intensiv auf die Motorgeräusche und beobachtete ständig die Instrumente auf Rotordrehzahl, Öldruck, Öltemperatur. Musste mir die Kamera in die ausgebaute Tür des Hubschraubers einhängen. Letztendlich, an diesem 1. Tag nach dem Flugunfall flogen wir 5 Filme ein, unser Tagesschnitt. Wie üblich wurde nach dem Fliegen wieder alles für den nächsten Tag vorbereitet. Abends kam ich völlig kaputt nach Hause. Weniger der Arbeit wegen, als mehr die Beobachtung der Instrumente und das Hören des Motorgeräusches. Ansonsten lief es bei LSI wie üblich.

Nach wie vor war der Luftbildmarkt schwierig. Zu viele Mitbewerber, die die aufeinanderfallenden Jahresabstände der Befliegungen unterliefen. Normal waren 6 Jahre Abstand, bevor ein Gebiet wieder beflogen werden konnte.

Jetzt war es nur 1 Jahr. Das war entschieden zu kurz, da es in den Ortschaften kaum Veränderungen gab und die Kunden natürlich kein Interesse hatten, Bilder zu kaufen.

LSI machte Verluste, da keine großen Eigenkapitalreserven vorhanden waren. Die Gesellschafter mussten mit Privatkapital den Verlust ausgleichen Liebler wollte oder konnte nicht. Ich übernahm seinen Anteil zum Kaufpreis vom DM 1,00 und glich seinen und meinen Anteil am Verlust aus. Jetzt war ich wieder zu 100 % Eigentümer der LSI.

Bert Liebler bat ich weiter um Beschäftigung.

Wir hatten am Anfang unserer Zusammenarbeit beschlossen, dass er auf Rechnung mit Tageshonorar arbeitete, weil er dann mit seinem Briefmarken- und Münzhandel die Rechnungen voll absetzen konnte. Jetzt schreiben wir das Jahr 1991.

Eines Tages tauchte ein Teamleiter der Konkurrenz bei der LSI auf und berichtete, dass er völlig sauer sei. Wie sich herausstellte, flog Universal das erste Jahr in der DDR, machte hervorragende Umsätze, lies aber nur einen kleinen Teil aus dem Westen dort arbeiten, was die anderen Teamleiter erbosten. Peter Celik, so hieß der Teamleiter, bot uns an, wenn wir auch im Osten fliegen wollen, würde er mit seinem gesamten Team zu LSI wechseln. Sein Team, das bestand aus 10 erfahrenen Verkäufern, die nur darauf warteten, im Osten zu verkaufen. Peter Celik berichtete mir weiter, dass er einen weiteren befreundeten Teamleiter, Artur Benzer, mit auch 10 Vertrieblern hätte, die alle auch gerne wechseln wollen, um im Osten zu verkaufen. Peter Celik meinte, sie würden sich die Flugkarten so aufteilen, dass sie sich nicht in die Quere kommen. Artur Benzer sagte umgehend zu. Beide belegten mit sogenannten Rennlisten die Umsätze von Universal. Diese waren beeindruckend hoch. Die Verträge mit Celik und Benzer wurden gemacht.

Im Jahr 1992 starteten wir gleich mit 3 Hubschraubern. Es lief wie geschmiert. Die Ostdeutschen hatten sehr wohl eigene Häuser und Bauernhöfe. Durch den Umtausch der Währungen 1 zu 1 in DM konnten sie sich auch unsere Preise leisten. Außerdem waren sie stolz auf ihre Häuser und Bauernhöfe, durch die DDR-Zeiten erhalten und sie gepflegt zu haben. Gleich im ersten Jahr erzielten wir einen Umsatz von über einer Million DM.

Peter Niebauer Junior, Sohn der Sparkassendirektor Peter Niebauer in Dachau, bei deren Sparkasse wir auch unser Konto hatten. Der Junior Peter Niebauer hatte sich in München selbstständig gemacht. Er fragte mich, ob ich mit der LSI und privat nicht zu ihm kommen wolle. Das kam mir sehr zu pass. Mein jetziger Steuerberater war ein richtiger Angsthase dem Finanzamt gegenüber, da er Angst hatte in steuerlichen Grenzbereichen vom Finanzamt haftbar gemacht zu werden. Peter Niebauer ist bis heute unser Steuerberater; mit ihm und seiner Frau Dagmar sind wir freundschaftlich verbunden.

Eines Tages, kurz vor Nikolaus, fragte mich Dagmar, ob ich in der Kanzlei den Nikolaus machen könne. Sie hatte auch schon ein Nikolauskostüm und einen Spickzettel mit den Schandtaten der Angestellten. Jetzt konnte ich nicht mehr nein sagen. Das hat sie recht geschickt gemacht, indem sie alles vorbereitet hatte, sodass man nicht mehr absagen konnte. Wie üblich wurde der Nikolaus nach seinen Ausführungen mit Applaus bedacht. Sabine Bodensteiner, die ein Auge auf mich geworfen hatte, applaudierte heftig.

Mit den Verkaufsleitern Celik und Benzer und ihren Verbtrieblern, einschließlich deren Damen, hielten wir die Nikolausfeier in einem Restaurant in Dachau ab, welches über ein Nebenzimmer verfügte. Für alle gab es Geschenke und Belobigungen vom Chef persönlich. Auch Peter und Dagmar mit Sabine Bodensteiner, die die Buchhaltung für LSI und meine private Steuer machte. Auch die bekamen vom Chef persönlich Präsente überreicht, worüber sich alle sehr freuten. Der Abend schloss in geselliger Runde. Alle waren sich einig, auch nächstes Jahr wieder eine Nikolausfeier durchzuführen. Na ja, wenn der Umsatz stimmte, wäre es kein Problem.

Im Jahr 1993, ein weiteres erfolgreiches Jahr, konnte der Umsatz auf DM 1,9 Millionen gesteigert werden. Alle waren in Hochstimmung. Die beiden Verkaufsleiter bauten den Vertrieb mit ostdeutschen Vertretern aus. Diese wurden erheblich preiswerter verprovisioniert als ihre verwöhnten Westdeutschen Kollegen. Unsere Gewinnmarge stieg deutlich an. Außerdem waren die ostdeutschen Vertriebler ehrgeizig dabei, da sie ihre westdeutschen Kollegen übertrumpfen wollten. Getreu dem Motto „sehr her ihr Wessis, wir Ossis können das auch".

Im Jahr 1996 flog LSI das letzte Mal in Ostdeutschland, weil mittlerweile der Markt überlastet war. Wie schon erlebt, drückten immer mehr Marktteilnehmer in die Gebiete mit dem Effekt, dass bei den Kunden alle halbe Jahre ein Verkäufer vor der Haustür stand. Diese kauften natürlich nicht mehr. Der Umsatz ging in dieser Zeit rapide zurück, sodass wir Mühe hatten, eine ausgeglichene Bilanz zu erzielen. Von daher beschloss ich die kommende Aufnahmesaison 1997 wieder im Westen durchzuführen. Das war eine gute Entscheidung, wie sich später noch herausstellen sollte. Im Westen hatte sich der Luftbildmarkt stabilisiert. Meine Entscheidung, wieder im Westen zu fliegen war ein Volltreffer. Bei LSI stiegen die Umsätze wieder an, zwar bei Weitem nicht wie in den Vorjahren, doch der Silberstreifen am Horizont war wohltuend.

Die Sparkasse Dachau, unsere Hausbank, machte der LSI und mir Schwierigkeiten. Durch das ständige Auf und Ab unserer Umsätze, glaubten sie wohl nicht mehr an eine Stabilisierung unserer Umsätze. Dagegen sollte ich die Zweigstraße verkaufen, unseren Firmensitz, um wie sie sich ausdrückten, „Druck aus dem Kessel zu nehmen" und unsere Verschuldung zurückzuführen. Ja, so sind die Banken, wenn die Sonne scheint, wird ein Schirm aufgespannt, bei Regen gibt es keinen Schirm. Ich war in der Zwickmühle, legte der Familie die Situation dar.

Unser Sohn Michael, der bei der Firma Medent als IT-Chef arbeitete und zum Chef und Eigentümer Herrn Wolf, der Medent war. Michael fragte ihn, ob er die LSI auch in die Liste der Anbieter aufnehmen könne. Ich hatte Herrn Wolf schon bei einer Veranstaltung der IHK München kennengelernt. Aus dieser entstandenen neuen Lage sagte Michael, dass er die Zweigstraße kaufen würde, da wir durch die Listung bei Medent eine weitere Einnahmemöglichkeit hätten. Ich warnte ihn und sagte, wenn wir den Umsatz nicht erzielen würden, sähe es schlecht aus. Umgehend erweiterte ich die LSI auf den Bereich IT. In der Folgezeit machten wir gute Umsätze mit Medent und anderen Firmen im Bereich IT.

Ich fragte die Sparkasse, ob sie die Finanzierung des Hauses mit unserem Sohn Michael machen würden. Mit dem Hinweis, dass ja dann doch alles in der Familie bliebe, lehnten sie ab. Na schön, wir können auch anders.

Die BBBank aus Karlsruhe, die eine neue Filiale in München eröffnet hatte, versuchte dort Fuß zu fassen. Nachdem Brigitte seit Jahrzehnten bei dieser Bank ihr Gehaltskonto hatte, meldete sich der Filialleiter bei ihr, um ihr mitzuteilen, dass sie ab sofort von dieser Filiale bedient würde. So kam der Kontakt zur LSI zustande. Nachdem wir der Bank alle Unterlagen zur Verfügung gestellt hatten, erhielten wir nach einer Woche die Kreditzusage über DM 350.000,00.

Im Jahr 1998 hatten wir 3 Volkswagen Golf angeschafft. Kennzeichen der Abkürzungen der Namen, also MC, SC und BC. Der MC bekam den sportlichen GTI. Über den Einkaufsleiter bei Südfleisch, wo Michael eine Lehre gemacht hatte und im Anschluss weiter beschäftigt wurde. Dieser Einkaufsleiter hatte gute Beziehungen zur Mahag, das führende Autohaus in München für Volkswagen, wurden die 3 Autos auf 4 Jahre geleast. Das war das erste Mal, dass wir Autos leasten. Das kam deshalb zustande, weil ich über sechs Monate brauchte, um die Mercedes S-Klasse zu verkaufen und das noch unter Wert. Zu dieser Zeit herrschte absolute Flaute auf dem Gebrauchtwagenmarkt.

Bei LSI traten im Jahr 2001 die Umsatzprobleme auf. In den Vorjahren ging es immer nur bergauf. Jetzt gab es zusehends Schwierigkeiten, neue Vertreter anzuwerben. Es war verpönt, auf Provisionsbasis zu arbeiten. Die meisten wollten ein Fixum, bezahlte Krankenversicherung etc. Das war bei uns nicht möglich, da sie völlig selbstständig waren. Anstellen konnten und wollten wir nicht. Viel zu teuer.

Auch machte uns Google earth zu schaffen. Es fuhren nun Autos von Firmen, an denen eine Teleskopstange mit Kamera verbunden war herum; es wurde eine Luftbildimitation hergestellt. Ich hatte mir ein solches Bild einmal angeschaut – unscharf und zu viele Nachbargebäude waren auf dem Bild zu sehen.

Nun suchte ich nach geeigneten Möglichkeiten für eine Diversifikation. In Frankfurt am Flughafen betrieb ein Bekannter von mir eine kleine Fluggesellschaft. Der hatte sich schon des öfteren bei mir gemeldet und gefragt, ob wir nicht in irgendeiner Form zusammenarbeiten könnten. Der Eigentümer der GmbH hieß Mannkum. Er wies darauf hin, dass die GmbH hervorragende Slots am Fraport habe und er zu jeder Stunde ab- und anfliegen könne. Es wäre schön, wenn sich die LSI mit DM 1.000.000,00 beteiligen würde, dafür würden wir 49 % an seiner GmbH erhalten.

Als ich seine Bilanz prüfte, stellte ich fest, dass der GmbH-Gewinn äußerst gering war, erheblich weniger als bei LSI. Das resultierte aus seinen Entnahmen über sein Geschäftsführer-Gehalt, welches in keinem Verhältnis zum Ertrag stand. Das schlug dem Fass den Boden aus. Ich war nicht hier, um ein Unternehmen zu sanieren. Abrupt brach ich die Verhandlungen ab. Weitere Versuche, Neuland zu betreten, scheiterten an den gleichen Ursachen.

Bei LSI ließen die Umsätze nach, wir schreiben das Jahr 2005. Viele Vertreter hatten uns verlassen. Alles war jetzt sehr mühsam. Ich machte einen eklatanten Fehler, indem ich versuchte, mit dem Rest der Vertreter nochmals ein großes Kontingent an Bildmaterial einzufliegen, um dann mit dazukommenden neuen Vertretern den Umsatz wieder zu stabilisieren. Das misslang. Man muss zuvor immer mit einigen Hunderttausend Euro in Vorlage treten, um die Bilder einzufliegen. Ergebnis dieser Aktion: Ich blieb mit einigen Hunderttausend Euro hängen. So ist das Leben. Fehler verzeiht es nicht. Ich gehöre zu dem Typ Mensch, der für seine Fehler einsteht und nicht davonläuft.

Am 15.03.2015, einem Sonntag, erlitt ich einen Schlaganfall. Medizinisch korrekt: Mittelhirninfarkt rechts. Daraus resultiert eine Fallneigung nach links, bedeutet einen starken Drang, beim Stehen nach links umzufallen. Monika, Brigittes Freundin war zum Mittagessen da. Nach dem Essen setzte ich mich in einen Sessel, legte die Füße auf den Tisch und schlief ein. Monika und Brigitte gingen in unser Arbeitszimmer, um sich zu unterhalten. Während ich noch schlief, verabschiedete sich

Monika, mich ließen sie weiterschlafen. Nach 3 Stunden wurde ich wach, sah alles doppelt, wollte aufstehen und hatte eine Fallneigung nach links. Irgendwo hatte ich einmal gelesen, dass man bei einem Doppelblick einen Schlaganfall hatte. Trotz allem bin ich noch glimpflich davongekommen. Ich hatte keine Lähmungen und volle Sprache. Ich lallte lediglich etwas. Brigitte kam aus dem Arbeitszimmer, rief in Dachau die Heliusklinik an, schilderte den Fall. Man sagte, ein Krankenwagen würde geschickt. Daraufhin meinte Brigitte, sie würde mich mit dem Auto bringen. O.K. Dort angekommen, wurde ich direkt auf die Intensivstation gebracht. Weiterer Aufenthalt im Krankenhaus. Nach einer Woche kamen die Therapeuten, um mit mir Übungen zu machen. Zuerst musste ich draußen auf dem Gang am Geländer vorbeigehen, ohne mich festzuhalten. Anfangs war das schwierig, nach einigen Übungen ging es problemlos. Prima. Nun kamen die Augen dran. Die standen extrem in verschiedene Stellungen. Ein Auge sah nach oben, das andere nach unten. Für Außenstehende musste das ein schrecklicher Anblick sein.

Man sagte mir, dass es Jahre dauern kann, bis dass die Augennerven im Gehirn neue Bahnen gefunden haben. Zuerst wurde mir mit einer Augenklappe das rechte Auge bedeckt, nach einiger Zeit war das linke Auge mit der gleichen Prozedur dran. Eines Tages kam ein Vater mit seinem Sohn den Gang entlang. Dieser rief freudig „Schau Papa, da kommt ein Pirat". Trotz aller Malaise musste ich schmunzeln. Nach 12 Tagen wurde ich entlassen und war dann 4 Tage zu Hause.

Danach begann in Bad Gögging bei Ingolstadt meine dreiwöchige Reha im Passauer Wolf. Merkwürdiger Name für eine Reha-Anstalt. Brigitte fuhr mich dort hin. Der leitende Arzt hieß Wächter. Die Therapeuten/innen waren allesamt kompetent. Besonders eine, die für die Feinmotorik meiner Finger, für die geistigen Fähigkeiten und Schnelligkeit zuständig war. Andreas Penkwiez fürs Gehen und Reaktion etc., bemühten sich sehr um mich. Eine kleine Freundschaft entstand. Ich hatte meinen Laptop dabei. Eines Tages fragte mich Wächter, was ich denn da immer schreibe. Ich erwiderte, dass ich die Rede für meine Mutter schreibe, die Ende April 90 Jahre alt wird. Weiterhin erwähnte ich, dass ich bis dahin so fit wie möglich sein müsse. Er lachte und sagte das klappt schon, wenn ich weiter so mitarbeite wie bisher.

Überraschender Besuch von Stefan, Maxi und Bene, die mir ein gerahmtes Bild, worauf beide abgebildet waren, überreichten. Ich stellte es neben meinem Laptop auf. Bei seiner nächsten Visite fragte Wächter, ob das meine Enkel wären, was ich bejahte. Mittlerweile hatte Wächter Freikarten für das Thermalbad besorgt, das man durch einen Bademantelgang vom Rehazentrum erreichen konnte. Mehrmals ging ich zum Schwimmen. Das Thermalwasser tat mir gut, belebte meine Sinne und machte den Geist frei. Nach 3 Wochen wurde ich entlassen, nicht ohne im naheliegenden Rewe Markt für alle, die mich therapiert hatten, eine kleine Aufmerksamkeit zu kaufen, die ich an die Therapeuten verteile. Diese bedankten sich herzlich. Brigitte holte mich mit dem Auto ab, machte noch ein Foto von mir neben dem

Einrichtungsschild vom Passauer Wolf. Das wars. Vieles ist besser geworden.

Im Passauer Wolf hatte man mir gesagt, ich sollte unbedingt einen Kardiologen aufsuchen, weil ich so schlecht Schnaufen konnte. Nachdem mich Dr. Steinhard untersucht hatte, meinte er, ich hätte schwere Herzrhythmusstörungen und ich benötige dringend einen Herzschrittmacher mit integriertem Defibrillator. Ich sollte ins Deutsche Herzzentrum in München und einen Cardioverter einsetzen lassen.

In München im Deutschen Herzzentrum ist der Spezialist für solche Operationen Prof. Kolb. Er operierte mich im August. Bei der Voruntersuchung stellte sich heraus, dass die linke Herzhälfte stark degeneriert war, die rechte stark vergrößert. Die hatte wohl einen Teil der Funktion der linken mit übernommen. Nach der erfolgreichen Operation stellte sich heraus, dass sich eine Sonde in der linken Herzkammer gelöst hatte. Kolb meinte, das wäre nicht weiter schlimm, statt 125 % hätte ich nunmehr 100 % Herztätigkeit. Auch gut. Die Sonde steckt bis heute noch ohne Funktion in der linken Herzkammer. Nach 3 Wochen wurde ich entlassen. Seitdem muss ich jede Menge Medikamente nehmen, insbesondere das hochdosierte Xarelto für die Blutverdünnung. Bei der kleinsten Schnittwunde braucht es Tage, bis sich eine Kruste bildet. Jedes Jahr muss ich zur Kontrolle mit dem Cardioverter. Das könne ich auch bei meinem Hauskardiologen Dr. Steinhard machen lassen, sagte man mir im Deutschen Herzzentrum. Prima, dann brauche ich nicht jedes Jahr nach München zu fahren. Ja, einmal invalid, immer invalid.

Auch habe ich jetzt 2 Brillen. Eine für das Fern-, die andere fürs Nahsehen. Beim Augenarzt, in der Sehschule, bekam ich zwei verschiedene Prismen-Folien verschrieben, für die beiden Brillen. Die Optiker bei Apollo befestigten sie an den Brillen. Seitdem ist mein Doppelblick weg, wenn ich die Brillen aufgesetzt habe.

Bei LSI ruhen alle Geschäfte. Seit letzten Jahr verkaufe ich nur noch Archivaufnahmen auf Bestellung. Meist Negative inklusive Urheber- und Reproduktionsrechten plus einem Foto in der maximalen Bildgröße von 20x30 cm. Von daher kein Personal, keine Kosten. Viel kommt dabei aber nicht heraus.

Das Beste, die GmbH ist schuldenfrei. Das Verrechnungskonto des Geschäftsführers, das bin ich, weißt ein Guthaben von EUR 600.000,00 auf. Bei Gewinnen der GmbH können diese steuerfrei entnommen werden. Mittlerweile habe ich die LSI Luftbild GmbH umbenannt in LSI Invest GmbH. Diese bekommen unsere 4 Enkel zu 4 gleichen teilen.

In der griechischen Mythologie muss Sisyphos immer einen schweren Stein den Berg herauf rollen, oben angekommen rollt er wieder runter, weil er so schwer war. So war er Tag ein, Tag aus damit beschäftigt. So ähnlich ging es mir. Tag ein, Tag aus immer in Aktion.

MEIN PRIVATES LEBEN

Kapitel 2

Im Mai waren wir von Michael und Stefanie für 4 Tage an den Gardasee eingeladen. Wir hatten in Bardolino ein Super 5* Hotel, das keine Wünsche offen ließ. Das Hotel hatte eine komfortable Wellness-Anlage. Im Schwimmbad mit Innen- und Außenpool vergnügten wir uns bei 29 Grad Celsius Wassertemperatur. Auch die kleine Valentina hatte ihren Spaß. Sie planschte im Kinderbecken mit ihren Wasserspielzeugen. Auch musste der Opa immer Hai spielen. Mit dem Kopf untertauchen und prustend wieder vor ihr auftauchen. Wasserscheu ist sie nicht. Im Außenbecken mit seinen zahlreichen verschiedenen Wasserdüsen schwamm sie mit Schwimmflügeln gerne mit ihren Eltern und Oma und Opa. Das Mittagessen fiel aus, da wir ein reichhaltiges Frühstück hatten. Danach machten wir unseren Mittagsschlaf.

Gegen 18:00 Uhr ging es zum Abendessen nach Bardolino down town. Nachdem wir früher mit Michael und Stefan oft im Restaurant Catulo waren, probierten wir dieses nochmals aus. Mit Blick auf den Hafen hatten wir einen schönen Tisch bekommen. Auch das Essen war gut. Zum Essen gab es einen ausgezeichneten Weißwein. Danach machten wir uns auf den Heimweg. Da es vom Hotel bis in die Stadt nur 10 Minuten dauerte, gingen wir stets zu Fuß. Valentina konnte schon wacklig laufen und schob ihren Kinderwagen vor sich her. Opa unterstütze. Im Hotel angekommen nahmen wir an der Bar noch einen Absacker ein. Schnell war die Zeit vorbei. Nach 4 Stunden Fahrzeit waren wir wieder zu Hause.

Wir schreiben Ende August 2019. Wir wohnen in der ehemaligen Einliegerwohnung mit Verbindungstür zu unserem Schlafzimmer und altem Bad. Jetzt haben wir schon eine neue Küche, Wohnzimmer mit Essplatz und Arbeitszimmer sind auch schon komplett eingerichtet. Es muss lediglich noch mein seniorengerechtes Bad mit transparenter Dusche und einer modernen Glasschiebetür eingebaut werden. Das dauert deswegen so lange, weil die Firmen im August Betriebsurlaub haben und erst wieder im September alles fertig machen können.

Ende August waren Maxi und Bene für 2 Wochen in Ferien bei uns. Auch die Nachbarskinder waren da und sie hatten Spielkameraden.

Kallenberg war für den Komplex M+T Maschinen – Turbinen zuständig. Diese Turbinen leisteten 150 Megawatt Strom.

In dieser Zeit lernte ich Renate in einer Diskothek kennen. In diversen Diskotheken rund um Niederaußem wurden der Zeit entsprechen die Songs der Beatles, Rolling Stones und anderer Bands gespielt. Renate war ein halbes Jahr älter als ich. Sie hatte von ihren Eltern einen weißen DKW-Cabrio zur Verfügung. Das war prima. Wir waren mobil und unternahmen viele Ausflüge. Sie holte mich mehrmals von zu Hause ab, brachte mich nach Horrem in die Abendschule und fuhr mich wieder nach Hause. Ich brauchte nicht immer den VW-Käfer auszuleihen.

Renate war bei der Lufthansa in Köln in der Cargo-Abteilung angestellt. Sie war auch für den internationalen Frachtablauf zuständig. Sie hatte einen guten finanziellen Background. Wir verstanden uns gut, liebten uns.

Meine Schwiegereltern, Annemarie und Walter Lifka-Schöler – sie hatte bei der Heirat darauf bestanden, ihren Familiennamen hinten dranzuhängen. Sie kauften sich im Neubaugebiet von Nürnberg-Langwasser eine Eigentumswohnung. Dies war eine im 6. Stock gelegene Wohnung. Mit Aufzug, großzügiger Aufteilung der Wohnung, Balkon, Tiefgarage. Es gab keine Wohnung mehr darüber. Von daher eine bemerkenswerte Aussicht auf Nürnberg und Umgebung.

Mein Schwiegervater, Professor Hans Hottinger (Annemarie war in erster Ehe mit ihm verheiratet), hatte den Lions Club Karlsruhe Fächer gegründet, war unter anderem auch Governor. Auf internationalen Lions-Kongressen immer präsent. An einer Lions Jumelage-Feier im Schloss Karlsruhe mit einem französischen???? Gab es als Essen ein großes Menü. Beim Hauptgang waren auch Kroketten dabei, die ich besonders gern aß, fragte ich den Ober, ob ich noch zwei bekommen könne. Der verneinte und sagte, die seien abgezählt, es gibt für jeden nur eine Da musste ich lachen. Ja, so ist das bei den Lions überall großspurig auftreten und dann an Kleinigkeiten sparen.

Brigittes Vater erzählte uns bei jeder sich bietenden Gelegenheit über die Vorteile, Mitglied in einem Lions Club zu sein. Auch die Mitgliedschaft in einem LEO-Club – die Jugendbewegung der Lions – wäre sinnvoll.

Zu dieser Zeit erlebte die weltweite Lions-Bewegung in Deutschland ihren Höhepunkt. Hier waren Politiker, Akademiker aller Berufe, Selbstständige, Vorstandsmitglieder großer Aktiengesellschaften, hochrangige von Kirchen und Kultur vertreten.

Brigitte und ich wurden Mitglied im LEO-Club Bavaria München. Schnell wurde ich Präsident. Ende des Jahres 1975 schied ich altersbedingt aus dem LEO-Club aus. Altersgrenze war 30 Jahre. Kaum ausgeschieden, rief mich der Governor der Region Bayern Süd an, fragte, ob ich Interesse hätte, in Dachau einen Lions-Club zu gründen. Er hätte schon so viel positives als Präsident des LEO über mich gehört, dass er mir diese Aufgabe zutrauen würde. Auch wäre ich dann Mitglied des zu gründenden Lions-Club. Ich bat um Bedenkzeit, setzte mich nach diesem Gespräch mit Brigittes Vater, der ja auch Lions war, in Verbindung. Er war sofort Feuer und Flamme, gratulierte mir, dass der bayerische Governor eine solche Chance anbot. Hans meinte, ich solle ihn sofort wieder anrufen und ihm sagen, dass ich bereit wäre, diese Aufgabe zu übernehmen. Das tat ich dann auch, worüber er sich sehr freute.

Also fing ich an, in Dachau geeignete Persönlichkeiten für eine Clubgründung zu suchen. Mir war bekannt, dass der amtierende Landrat Dr. Pestenhofer in einem Münchener Lions-Club Mitglied war. Ich machte mit ihm einen Termin im Landratsamt aus und trug mein Anliegen vor. Dr. Pestenhofer war von diesem Vorhaben begeistert, riet mir aber, nicht auf die älteren Honoratioren zuzugehen, da diese schon viele Verpflichtungen in anderen Vereinen hätten. Das war ein guter Tipp, wie sich später herausstellen sollte. Im Vorfeld recherchierte ich die im Landkreis bekannten jüngeren Persönlichkeiten, berufliche Qualifikationen etc. Dann telefonierte ich mit denen. Immer mit Bezug auf Landrat Dr. Pestenhofer an und machte einen Termin mit ihnen aus, um ein persönliches Gespräch mit ihnen zu führen und dass wir einen Lions-Club in Dachau gründen wollen, um die weltweite Lions-Bewegung zu erklären. Viele von denen hatten schon von Lions gehört, konnten sich aber nichts Genaues darunter vorstellen. So gelang es mir, 22 Personen – laut Lions-Statuten müssen es mindestens 20 sein – für eine Club-Gründung in Dachau zu gewinnen und wir konnten im März 1976 den Lions-Club Dachau gründen. Erwähnen darf ich auch, dass ich auf der Suche nach einem guten Clublokal bei Familie Weißenbeck, Hans und Barbara, fündig wurde. Beide waren mir sympathisch.

Meistens in den Oster- und Herbstferien. Unsere nächste Urlaubsreise an Ostern unternahmen wir mit den Kindern 1984 nach Teneriffa. Wir machten Ausflüge zum höchsten Berg Teneriffas, Pico del Teide, sahen uns den 3.000 Jahre alten Drachenbaum an. Wenn ich heute bei der Recherche in den alten Fotoalben die Bilder sehe, als wir noch jung waren und die Kinder Michael und Stefan fröhlich sind, geht mir das Herz auf. Wie sagt der Dichter Friedrich Schiller im Lied von der Glocke „die Jahre fliegen pfeilgeschwind". So auch bei uns. Tagesarbeit, frohe Feste reihen sich in den Reigen der Jahreszeiten ein.

So verging die Zeit und wir sind im Jahr 1985. Da gibt es eine nette Episode von den Kindern zu berichten.

Michael, Stefan und ihr Freund Freddy waren in einem Maisfeld. Sie spielten wohl Indianer, die mit Messern bewaffnet waren, Freddy hatte sogar einen alten Wehrmachtsstahlhelm auf dem Kopf. Als erstes säbelten sie im Maisfeld eine kreisrunde Fläche ab, um einen Wigwam zu bauen. Dann schnitten sie sich weitere Gänge ins Maisfeld. Der Bauer Osterauer, Wettl genannt, berichtete mir über den Schaden an seinem Maisfeld. Am nächsten Tag, wir machten von Augsburg aus Fotoflüge, schaute ich mir aus der Luft das Maisfeld an, fürchterlich. Dann ging ich zu Wettl auf seinen Bauernhof und wir besprachen bei einer Flasche Bier, mit welchen Sanktionen wir die Bande bestrafen könnten und wie hoch der Schaden wäre, den ich bezahlen würde. Wettl meinte, bezahlt wird hier nichts. Wettl hatte eine Ferkelzucht. Von daher schlug er vor, die Kinder sollten eine Woche lang von Montag bis Freitag nachmittags nach der Schule auf dem Hof arbeiten, und zwar beim Füttern der Schweine helfen. Etwas mürrisch gingen unsere Kinder dann nachmittags zum Bauernhof. Freddy war nicht dabei. Er wohnte in Dachau und in der Mittagszeit gab es keine Zugverbindung nach Niederroth. Nach dem ersten Tag kamen unsere Kinder gut gelaunt zurück. Als erstes berichteten sie, dass sie von Frau Osterauer Kuchen und Kakao bekommen haben, bevor sie in den Stall gingen, um Wettl beim Füttern zu helfen. Nach getaner Arbeit gab es von Frau Osterauer noch eine deftige Brotzeit, dazu Apfelsaft, wie in Bayern üblich; wobei Erwachsene Bier trinken. So gestärkt kamen sie jeden Tag zurück. Aus der Schule zurück, konnten es die Kinder kaum erwarten, zum Bauernhof zu kommen.

Im Gasthaus Prummer in Niederroth tagte Freitag abends immer der Stammtisch. Hier traf ich auch Wettl und bezahlte ihm sein Bier.

Sie zeigten mir voller Stolz ihr gerade frisch renoviertes Restaurant, wo auch das Essen hervorragend schmeckte. Zum Schluss fragte mich Hans, ob er nicht auch Mitglied im Lions-Club werden könne. Natürlich sagte ich und nahm ihn sofort auf. Dort, im großen Saal, wurde auch die Gründungsfeier abgehalten, die bis in den frühen Morgen dauerte. Wir waren alles junge Leute, die auch gerne ausdauernd feierten. Die Gründung hatte sich schon in ganz Dachau rumgesprochen.

3 Monate später erfolgte schon die Charterfeier im Schloss Dachau. Vice Governor überreichte die Charterurkunde, Patenclubs, Lions von nah und fern waren anwesend. Was mich besonders freute, Landrat Dr. Pestenhofer mit Gattin waren auch erschienen. Der Lions-Club Dachau war nun offizielles Mitglied der internationalen Lions-Bewegung.
Im gleichen Jahr fand der Wahlkampf um das Landratsamt statt. Unser Lions-Freund, Hansjörg Christmann, trat auch an. Setzte sich unter einer Vielzahl von Bewerbern durch. Er war erfolgreich unterwegs, um bei den Bürgern für seine Ideen zu werben. Mit Girgel hatten und haben wir bis heute ein arrangiertes (engagiertes?) Lions-Mitglied, der sich über Jahrzehnte für die Belange der Bürger im Landkreis einsetzte.

Im selben Jahr, 1976, verstarb unerwartet Walter Lifka. Die Stadt Nürnberg organisierte eine Trauerfeier für ihn. Die Urnen-Beisetzung erfolgte im Familiengrab der Schölers in Hemsbach an der Bergstraße. Es war für Annemarie ein großer Schock, nunmehr allein in ihrer schönen Eigentumswohnung zu leben. Sie besuchte uns oft in Niederroth, oder wir fuhren nach Nürnberg. Von 1976 bis 1978 passierte wenig, alles lief wie immer ab. Arbeiten, dazwischen feiern, und wir gönnten uns einen ersten Urlaub von 1 Woche auf den kanarischen Inseln. Annemarie passte derweil auf Michael auf.

Am 06.01.1976, Heilige Drei Könige, wurde unser zweiter Sohn, Stefan geboren. Wie üblich in der privaten Frauenklinik Koschade in Dachau. Diesmal war Annemarie bei der Geburt dabei. Alles verlief glatt. Wir freuten uns sehr. Brigitte bekam jetzt auch für Stefan DM 25,00 Kindergeld. Na mit, das waren insgesamt DM 50,00; nicht überragend, anders als heute, wo erheblich mehr in EURO gezahlt wird als zur damaligen Zeit. Auch verreisten wir gerne.

Begrüßten mich. Ich ging an die Bar und bestellte eine Flasche Whiskey der Marke Chivas Regal. Der Barmann sah mich ungläubig an. Daraufhin entgegnete ich, dass eine Flasche preiswerter ist, als jedes Mal ein einzelnes Glas zu bestellen. Zu meinem Erstaunen räumte er mir einen Rabatt von 15 % auf die Flasche ein. Ich bat ihn, mir ein Glas einzuschenken und Eis dazu zu geben. Dann gesellte ich mich an den Tresen, der die Tanzfläche begrenzte. Dort stand ein junger Mann, der mir sympathisch war. Der schaute mich an und fragte, woher ich denn komme. Ich sagte ihm, dass ich für ein halbes Jahr in Offenburg sei, um für unsere Firma einen großen Teil des Schwarzwaldes zu befliegen, um Flugbilder zu machen. Wir sind auf dem Flugplatz Offenburg stationiert. Dann fragte ich ihn, ob ich ihm einen Whiskey spendieren dürfte. Ich sah, dass er sich aufrichtig freute. Nachdem ich ihm den Whiskey überreicht hatte, bot ich ihm das Du an. Ich bin der Horst und ich Detlef, woraufhin wir anstießen, und unsere Getränke genossen. Dann kam eine junge Frau auf uns zu, die hinreißend aussah, wie ich bemerkte. Das ist meine Schwester Brigitte, sagte Detlef und ich bin der Horst sagte ich. Fragte, ob sie auch einen Whiskey haben möchte, sie verneinte. Schlagfertig, wie ich bin, antwortete ich, aber ich habe schon das Eis dazu bestellt. Sie schmunzelte und sagte, wenn das so ist, nehme ich gerne einen. Ich ging an die Bar und ließ mir noch einen Whiskey mit Eis natürlich geben. Inzwischen hatte Detlef sie wohl über meine Tätigkeit informiert, sie sah mich ganz euphorisch an. Wir stießen an, tranken einige Schlucke. Dann kam der Song Lola, mein Lieblingssong. Ich fragte sie, ob sie mit mir tanzen möchte. Gerne antwortete sie. An diesem Abend tanzten wir oft und becherten auch einige Whiskeys. Bei der Verabschiedung fragte ich sie, ob ich sie Wiedersehen dürfe. Ja, antwortete sie und sagte, dass sie in der Brachfeldstraße wohne. Dort könne ich sie aber nur am Wochenende erreichen, da sie Vor- und Nachmittags Unterricht habe. Ich bin Lehrerin. Am nächsten Tag besuchte ich sie in der Brachfeldstraße, wo sie wohnte, mit einem Rosenstrauß, über den sie sich sehr freute. Sie fuhr einen blauen Fiat Spider Cabrio, damals ein Kult-Auto, mit dem sie mir die nähere Umgebung von Offenburg zeigte. Das alles war immer nach 17:00 Uhr und am Wochenende möglich. Sie arbeite als Lehrerin in der Schule.

Einmal spazierten wir auf dem Löcher Berg durch das Waldgebiet. Sie hatte ein umwerfend kurzes Kleid an, wie es damals Mode war. Ich war hingerissen, umarmte und küsste sie, was sie auch geschehen ließ.

Hierdurch wurden die Auflagen der Illus gesteigert, da einige der Zeitschriften nur für Frauen waren.

Unsere Flüge starteten wir von Offenburg aus, um auf einem Flugplatz zu landen, der im weiteren Aufnahmegebiet lag. Nach Betankung des Hubschraubers und wechseln der Filme machten wir unsere Mittagspause. Danach beflogen wir unser vorher festgelegtes Gebiet im Schwarzwald. Kurz vor 17:00 Uhr flogen wir wieder nach Offenburg zurück. Wie üblich das Prozedere am Ende des Tages.

Abends gingen wir in ein Gasthaus namens Sonne Post zum Essen. Es war brechend voll, kein Wunder – Essen und Getränke waren äußerst preiswert. Die Leute rückten noch etwas zusammen, sodass wir sitzen konnten. Wir wurden ausgiebig befragt, woher wir kommen und was wir machen. Wir antworteten, dass wir Flugbilder in großen Teilen des Schwarzwaldes herstellten. Danach bestellten wir unser Essen und Getränke. Ich nahm einen schwäbischen Ratsherrentopf. Dachte mehr an einen Eintopf. Es kam ein großer Teller mit mehreren Schweinelendchen, grünen Brechbohnen, Spätzle und Soße. Dazu trank ich ein Bier. Es schmeckte köstlich, ich hatte Mühe, alles aufzuessen. Danach verweilten wir noch etwas bei Bier und Wein. Als sich fast alle Gäste verabschiedet hatten, bezahlten auch wir unsere Zeche. Ich fragte die Kellnerin nach dem Namen des Besitzers. Sie erschrak sichtlich und dachte wohl, dass wir uns über sie beschweren wollen. Der Besitzer kam mit ihr zurück an unseren Tisch. Er fragte mich, worum es ginge. Daraufhin antwortete ich, dass wir das nächste halbe Jahr bei ihm zum Essen kommen würden und er uns zwei Plätze reservieren könne. Selbstverständlich ginge das. Die Kellnerin war sichtlich erleichtert darüber, dass es nur um die Reservierung ging. Am nächsten Abend sahen wir schon unseren Tisch, auf dem stand für das nächste halbe Jahr reserviert. In der Folgezeit brauchten wir nicht zu hetzen, um pünktlich zum Essen zu kommen. Die Plätze waren immer frei. So konnten wir jederzeit entspannt zum Essen kommen.

Nach 4 Wochen bemerkte ich, dass es schräg gegenüber des Hotels eine Diskothek namens Big Bang gab. Da muss ich in den nächsten Tagen abends einmal hingehen. Eines Abends, kurz nach 20:00 Uhr, betrat ich diese. Schwungvolle Musik mit den neuesten Hits der damaligen Zeit

Von daher gab es kein Halt mehr für mich, ich hatte mich unsterblich in sie verliebt. Auch unternahm sie mit ihrer Freundin Monika Fahrten nach Basel. Des Öfteren lernten sie auch dort jüngere Männer kennen. Eines Tages hatte ich das „Vergnügen", einen solchen zu erleben. Dem war ich dialektisch haushoch überlegen. Ich bemerkte an Brigittes Gestik, wie sie mich still bewunderte. Somit hatte ich für die Zukunft gewonnen. Richtig so. Als ich später Offenburg wieder verlassen musste und bei Universal im Innendienst war, fuhr ich jedes Wochenende mit dem Auto, ab Freitag 16:00 Uhr von Bonn nach Offenburg. Immerhin 500 km, um das Wochenende mit ihr zu verbringen. Meistens traf ich gegen 20:00 Uhr dort ein. Wir verlebten immer eine schöne Zeit miteinander. Montagsfrüh um 03:30 Uhr fuhr ich wieder zurück nach Bonn, um pünktlich um 08:30 Uhr in der Firma zu sein.

Eines Tages teilte mir Brigitte mit, dass sie beruflich nach Müllheim, südlich von Freiburg versetzt wurde. Dort hatte sie am Marktplatz ein Einzimmerappartement mit Küche, Bad, WC und Dusche zu einem akzeptablen Preis angemietet. Die Besitzer wohnten im Obergeschoss. Das Haus war ein Neubau. Er war Sanitärmeister, hatte einen eigenen Betrieb. Von daher wurde die Haustechnik bestens gewartet und in Stand gehalten.

Ich half Brigitte beim Umzug von Offenburg nach Müllheim, der an einem Wochenende durchgeführt wurde. Ich war behilflich beim Einrichten der Wohnung, baute die Kücheneinzelteile, die aus einem gebrauchten Elektroherd, einer Waschmaschine, die sie schon in Offenburg hatte, ein und schloss die Elektrik an und weiterer diverser Teile. Alles lief reibungslos ab. Am Abend konnten wir schon kochen. Brigitte bereitete einen leckeren Bohneneintopf zu. Mir schmeckte es ausgesprochen gut. Ich freute mich immer, wenn ich freitags nach Müllheim fahren konnte.

So kam es, dass wir uns 1971 an Sylvester in Füssen verlobten. Mit dabei waren auch ihre Freundin Monika und ihr Freund Uli, die das Gasthaus ausgesucht hatten. Am Neujahrstag ließen wir das Frühstück ausfallen, da wir bis kurz vor Mittag geschlafen hatten. Um dann gleich zum Mittagessen überzugehen.

In Müllheim hatte ich bei einem Juwelier 2 Weißgoldringe gekauft. Brigitte war begeistert von den Ringen, sagte, sie liebe Weißgold und gab mir einen Kuss. Dann verabschiedeten wir uns. Fuhren zurück nach Müllheim. Wie üblich um 03:30 Uhr fuhr ich zurück zu Universal.

An einem Wochenende fuhren wir nach Niederaußem. Dort wollten wir uns mein Haus und den Ort ansehen. Brigitte sagte nach der Besichtigung, dass es ihr hier überhaupt nicht gefalle. Insbesondere weil der Ort an das RWE-Kraftwerk mit den hohen Kühltürmen grenzt. Wir besuchten auch meine Eltern, wo meine Mutter und mein Vater sie kennenlernten. Auf der Rückfahrt nach Müllheim entschieden wir, dass wir nach München ziehen wollten. Auch, weil Brigitte ein Faible für die Alpen hatte. In der Zeitung hatte Brigitte ein günstiges Wohnungsangebot gefunden. In Niederroth, ca. 20km vor München, wo wir heute noch leben. 4 Zimmer, Küche, Bad, Gäste-WC, eine Doppelgarage und geringe Betriebskosten. Die Vermieter Ostermayr waren kinderlos und sehr nett. Frau Ostermayr betrieb in einem kleinen Anbau die Postfiliale. Schnell wurden wir uns einig, schlossen den Mietvertrag ab. Das war im Juni 1972. Jetzt konnte Brigitte ihren Dienstherrn, die Regierung von Baden, um Versetzung nach Bayern bitten, dem wurde auch stattgegeben.

Am 21.07.1972 mussten wir heiraten, denn Brigitte wurde von der Regierung Oberbayern nur dann übernommen, wenn sie verheiratet wäre.

Die Hochzeit fand in Müllheim statt. Morgens standesamtlich, abends in einem kleinen Gasthaus, das schmackhaftes Essen zubereitete. Dort waren wir schon des öfteren zum Essen gewesen. Wir mussten mit unseren finanziellen Möglichkeiten haushalten. Bei einem ansässigen Juwelier hatte ich für Brigitte ein Weiß(gold?)-Collier bestellt. Nun holte ich es ab, es verzögerte sich etwas, da der Juwelier fragte, wieso ein Rheinländer hier in Müllheim ist. Darauf antwortete ich: es ist die Liebe. Von daher verzögerte sich mein Eintreffen bei der Hochzeitsgesellschaft. Schon wurde kolportiert, ich hätte mich über die nachliegende französische Grenze aus dem Staub gemacht. Die Braut, standesgemäß in einem weißen Kleid, freute sich umso mehr, als ich das Collier als Hochzeitsgeschenk überreichte. Alle waren in Hochstimmung und traten den Weg zum Standesamt an. Mit dabei waren meine Eltern, meine Schwester, Brigittes Vater Hans, ihre Mutter Annemarie, ihr Bruder Detlef, ihre Großeltern Bernard und Barbara. Nach dem standesamtlichen Akt lud uns Hans zum Mittagessen ein.

Auf dem Kleintiermarkt in Sulzrain kaufte ich für Stefan nach langem Verhandeln 4 Hühner und 2 Enten. Wir legten im Garten einen kleinen Teich an, in dem die Enten schwimmen konnten. Bei einem Essen im Königshof in München mit zwei befreundeten Ehepaaren, Maria und Josef Winkelmayr, Großbauer in Petershausen und Hans und Hilde Zaglauer, Architekt in Dachau erzählte ich bei der Unterhaltung die Geschichte vom Kauf der Hühner und Enten für Stefan und meinte Spaßeshalber, wir seien jetzt auch Landwirte. Alles lachte.

Am 07.11.1986 bekam Brigitte zu ihrem Geburtstag von Josef, Maria, Hans und Hilde eine lebende Sau geschenkt.

Diese war in einer Kiste mit roter Schleife verpackt und quiekte vergnügt vor sich her. An einem Zettel befestigt stand zu lesen „Zur Vervollständigung der Landwirtschaft". Eigentlich war die Sau für die Zubereitung eines Spannferkelessens gedacht, wie wir später erfuhren. Brigitte brachte es nicht fertig, sie zu schlachten.

Also baute ich neben dem Teich noch einen Schweinestall. Dieser war mit Entwässerung, Dämmung, Fenster und einer Thermostat-gesteuerten Heizung, sodass es die Sau im Winter warm hatte. So wuchs die Sau heran. Auch gingen wir mit einer Leine, die sie um den Hals trug, oft spazieren. Einmal passierte es, dass sie in einen Entwässerungsgraben rutschte und nicht mehr alleine herauskam. Mit vereinten Kräften – Brigitte zog an der Leine und ich hatte die Sau an den Vorderbeinen gepackt – holten wir sie wieder raus. Mittlerweile war sie sehr groß geworden. Brigitte versorgte sie mit gekochten Kartoffeln. Außerdem kaufte ich beim örtlichen Landhandel Gottschalk in Markt Indersdorf alle 3 Tage neues Futter. Dies hieß Z80. Eines Tages verweigerte die Sau das Futter. Ich fuhr zurück zum Landhandel, Herr Gottschalk war persönlich da, schilderte ihm den Umstand. Da lachte er und sagte, das ist kein Wunder, die hat den falschen Sack Futter erwischt. Das hier ist nur 80er-Futter. Wenn sie einmal Z80 bekommen hat, dann nimmt sie kein anderes mehr. Anstandslos gab er mir einen neuen Sack. Die Sau schaufelte mit ihrem Rüssel den Rasen im Garten um. Das ging gar nicht. Also rief ich unseren Wirt Anton Prummer, der auch Metzger war, an und bat ihn, die Sau zum Schlachten abzuholen. Laut quiekend, die Vorderbeine in den Rasen gestemmt, brachte er sie unter Mühen in den Hänger.

Am nächsten Tag war die Sau geschlachtet und er sagte zu mir, ein so gutes Fleisch habe er selten bei einer Sau gesehen. Natürlich, bei dem guten Futter, das sie bei uns bekam, kein Wunder. Mit unseren Freunden verabredeten wir ein Schlachtplattenessen zu machen. Alle kamen. Brigitte hatte Sauerkraut gekocht, auch hatten wir Brezen bereitgehalten. Außer dem Fleisch hatte uns Toni Prummer auch noch Blut- und Leberwürste gemacht. Allen schmeckte es, nur wir konnten von der Sau nichts essen. Der Abend klang zu später Stunde heiter aus.

Mittlerweile war ich bei Lions zum Governor von Südbayern aufgestiegen. Zahlreiche Lions-Clubs, 76 an der Zahl mussten besucht werden, die meisten davon in München. Zu meiner Erleichterung gelang es dem Region-Chef immer, mehrere Clubs zusammenzufassen, um meine Arbeit zu erleichtern. Oft waren Brigitte und ich aber auch bis Mitternacht unterwegs. Es war bei Lions üblich, bei solchen Besuchen die Ehefrau mitzunehmen. Man wurde stets zum Essen eingeladen, um danach die anstehenden Themen zu besprechen. In Memmingen gab es einen Streit zwischen zwei Lions Freunden, der nur neutral, wie sie meinten, vom Governor gelöst werden könne. Ich musste meinen ganzen Charm und Autorität einsetzen, um die beiden Streithähne letztlich wieder zu versöhnen. Hocherfreut über das Ergebnis bestand der Präsident und sein Vorstand darauf, mit uns zu feiern, was wir aus Höflichkeit nicht absagen konnten. Es wurde noch ein schöner Abend, der bis weit über Mitternacht hinaus ging. Brigitte, die nur alkoholfreie Getränke zu sich genommen hatte, fuhr mich nach Hause.

Als Governor ist man verpflichtet, an der Lions World Convention teilzunehmen. Die fand 1989 in Miami statt. Brigitte konnte nicht mit, weil sie im Schuldienst war. Wir intervenierten bis zum bayerischen Kultusminister, der auch Lions war. In der Angelegenheit könne er nichts unternehmen, wie er sagte. Er wolle keinen Präzedenzfall haben. Oder anders gesagt, dass es kein „Gschmäckle" zwischen zwei Lions Freunden gäbe.
Die Reisekosten übernahm Lions International Oak Brook. Da ein Jahr zuvor das internationale Board Meeting in München stattfand, kannte ich schon viele Mitglieder der Lions Board Vorstandes. Bei diesem Meeting hatte ich William (Bill) Wooland mit seiner Frau Ginny und auch zahlreiche Direktoren und die wichtigsten Sekretariatsangestellten mit deren Ehepartnern zu uns nach Hause eingeladen. Auch Brigittes Vater Hans mit Ehefrau Elfie waren dabei.

Erwartungsgemäß wurde Bill in Miami zum Präsidenten gewählt. Es war üblich, dass die Governors aus der ganzen Welt eine kurze Ansprache hielten, sich vorstellten. Das war das erste Mal, dass ich vor einem so erlauchten Publikum mit 500 Teilnehmern sprach. Robert Schmucker, mein Vorgänger im Amt, lobte mich danach, dass ich es sehr gut gemacht habe. Die Amis lieben es, wen man kurz vor der Rede einen Joke mit ihnen macht. Das konnte ich passend zum Thema machen, der Saal lachte, ich hatte gewonnen.

Wir waren in einem exzellenten Hotel am Biscaine Boulevard, der Prachtstraße von Miami, mit Meerblick untergebracht. Hier wurde auch die Parade von Lions International durchgeführt. In der wenigen Freizeit, die man hatte, ging ich einmal durch einige Straßen abseits vom Boulevard. Ich war erschüttert, was ich dort sah. Menschen – überwiegend Schwarze – lagen auf Pappdeckeln vor den Häusern im Schatten, um sich vor der Sonne zu schützen. Armes reiches Amerika.

In Miami lernte ich Philipp Menel, ein Governor aus Lima, Peru, kennen. Wir tauschten uns etwas aus. Er war mit seiner Frau da und sagte, er sei in Lima Direktor der Firma Hydrostahl, ein Schweizer Unternehmen, das in Lima eine Zweigstelle habe. Ich sagte, dass ich aus der Nähe von München komme und eine Firma habe, die Luftaufnahmen herstelle. Als ich ihm sagte, dass ich zu 100 % der Eigentümer der GmbH wäre, war er sichtlich beeindruckt und lud mich nach Lima ein. Wie sich später herausstellte, stammte seine Frau aus einer indigen königlichen Dynastie ab. Das sah man auch an ihren vornehmen, zurückhaltenden Umgangsformen. Sie war ausgesprochen hübsch. Leider sprach sie nur einige Brocken Schweizerdeutsch, spanisch und die Landessprache Quechua.

Auf einer Investmentveranstaltung in der Schweiz hatte ich einen Schweizer kennengelernt, der in Zürich für die deutsche Niederlassung der Degussa (Gold- und Silber Scheideanstalt) arbeitete. Ganz nebenbei fragte er mich, ob ich auch Kontakte nach Südamerika hätte. Ich sagte ja – nach Lima/Peru. Wie elektrisiert fragte er weiter, ob ich dort auch Kontakte zu Goldminen hätte. Ich verneinte, wies aber darauf hin, diese zu beschaffen. Im Stillen dachte ich an Philipp Menel. Wir verabredeten, dass ich mich wieder melden würde, wen ich definitiv Informationen zu diesem Thema aus Lima hätte. Wieder zu Hause ließ mich die Thematik nicht mehr los. Ich befasste mich näher mit dem Thema. Ja, Peru hatte Goldminen, es gab aber keine Informationen, wie hoch die Förderung war, wieviel Tonnen Aurum pro Jahr erzielt wurden. Ich telefonierte mit der peruanischen Botschaft, fragte, wie hoch die Jahresproduktion von Gold sei. Sie sagten, dass es darüber keine Veröffentlichungen gäbe. Das sei alleinige Sache er Regierung. Sie hielten es geheim – anders als alle anderen Goldförderstaaten.

Im November 1989 war auch der Mauerfall zwischen DDR und BRD. Die Menschen aus der DDR konnten nun ungehindert in den Westen fahren, was sie auch mit ihren Trabanten (Trabi) taten. Es war immer wieder erstaunlich, wie sie mit ihren Plastik-Zweitaktern hier ankamen. Unabhängig davon, dass sie mit diesen Autos die Luft verpesteten, wurde uns Westdeutschen bewusst, dass wir hier im Westen eine wesentlich höhere Lebensqualität hatten als die aus dem Osten.

Nachdem ich in Deutschland keine nennenswerten Ergebnisse zum Thema Aurum erzielen konnte, telefonierte ich mit Philipp Menel in Lima und fragte an, ob ich eine Woche zu Besuch kommen könne, um mir das Land mit seinen Sehenswürdigkeiten anzusehen. Ja, gerne antwortete Philipp. Ich packte meine Sachen und flog nach Lima.

Philipp und sein Sohn Erik holten mich am Flughafen ab und quartierten mich in einem der besten Hotels von Lima ein. Auch das Viertel, in dem das Hotel lag, war voller Grün und mit blühenden Büschen, Blumen und gehörte zu den Besten von Lima. Sehr schön, genau wie ich es mochte. Er meinte, ich solle mich etwas ausruhen. Am nächsten Tag wolle er mir die Stadt zeigen. Auch hatte er weitere Termine mit wichtigen Leuten aus Lima gemacht, um mich denen vorzustellen. Ich war etwas erstaunt. Man sagte mir, dass das hier so üblich sei. Ich ließ die Prozedur über mich ergehen und war dann erstaunt, was für interessante Menschen ich kennenlernte. Alle hatten beruflich eine hohe Qualifikation.

Auch Politiker aus Lima waren anwesend. Am nächsten Tag wurde ich den Mitgliedern des Lions-Club Lima vorgestellt. Alles honorige Persönlichkeiten, die mich aufs Herzlichste begrüßten. Sie luden mich zum Mittagessen ein. Wir aßen in einem Casino, wo nur Männer Zutritt hatten, wurden von Männern in weißen Jacketts bedient. Das Ganze erinnerte mich ans Mittelalter, wo auch so ähnlich bedient wurde. Das Essen schmeckte köstlich. Die Zeit war gekommen, wo ich Philipp meinen Wunsch vortrug, mir Kontakte zu Goldhändlern herzustellen. Etwas konsterniert sagte er mich, dass sein Sohn Erik, der unter anderem auch mit diversen hochwertigen Mineralien handelte, sicher wüsste, wo es solche Kontakte gäbe. Sagte aber auch, dass ich seiner Frau nichts von meinem Vorhaben sagen solle, da sie als Inka vorgeschädigt sei. Die früheren Konquistadoren hatten bekanntermaßen Peru völlig ausgeraubt und entgoldet. Dabei wurden sehr viele Inkas getötet.

Erik brachte mich mit verschiedenen Leuten zusammen und übersetzte stets, da ich kein Spanisch sprach. Merke:

niemals geschäftliche Unternehmungen planen, wenn man nicht fließend die jeweilige Landessprache spricht, außer alle sprechen fließend Englisch. Einer von denen hieß Paolo und kam immer mit einem großen amerikanischen Auto mit Fahrer zu unseren Gesprächen. Paolo versprach, Kontakt zur Banco Minero herzustellen, die direkt mit den Mineros vor Ort in Madre de Dios, im Amazonasgebiet, zusammenarbeiteten. Etwas später wurde mir von Paolo ein Brief überreicht, in dem mitgeteilt wurde, dass sie sich über eine Zusammenarbeit freuen würden. Vorab sollte die LSI die Bilanz zusenden. Inzwischen hatte Erik auch einen Kontakt zu einer freuen Goldmine am Titicacasee aufgenommen. Von dort brachte er 1 kg Gold in Form von verunreinigten Goldplättchen mit, also nicht schon zu kleinen Barren geschmolzen. Ich sagte ihm, dass er bei seinem nächsten Europabesuch – er hatte einen Termin in München für seine Mineralien – über Zürich fliegen solle, um in der dortigen Scheideanstalt von Degussa die verunreinigten Goldplättchen zur Analyse abzugeben. In der Schweiz wird für Gold kein Zoll erhoben. Clever, die Schweizer. Er passierte ungehindert den Zoll und gab es in der Scheideanstalt ab. Nach der Analyse wurde ihm mitgeteilt, dass das unbehandelte kg Gold zur 750 g Feingoldanteile hatte. Der Rest seien Rückstände aller Art. Ich hatte derweil Kontakt zu dem Goldhändler hergestellt. Der wusste schon Bescheid und sagte, wenn von 1 kg nur 750 g blieben, dann würde sich das für ihn nicht rechnen. Der Grundpreis wurde damals auf dem höchsten Stand gehandelt. Für uns in Europa ist die Metall-Börse zuständig, die 2-mal am Tag – vormittags und nachmittags – die Kurse für Gold fixiert. Bei einem Verkauf musste man eine Entscheidung treffen, zu welcher Tageszeit man verkaufte. An der Börse kann es innerhalb von wenigen Minuten zu sehr unterschiedlichen Kursen kommen. Alles Spekulation. Wir entschieden uns für den Vormittagskurs, weil sie meistens höher sind als am Nachmittag, wo sie aufgrund von großen Handelsbewegungen meistens bröckeln. Muss aber nicht, kann auch anders. Die Scheideanstalt, die an der Londoner Börse gelistet war, wickelte das Ganze für uns ab. Wir erhielten unser Geld in Schweizer Franken und teilten uns den Gewinn. Erik nahm die Schweizer Franken mit zurück, ich wechselte mein Geld in DM. Der Franken stand damals im Verhältnis zur DM sehr hoch und ich bekam eine ansehnliche Summe ausgezahlt. Ich muss noch sagen, dass das Gold vom Titicacasee Erik auf Ehre und Gewissen übergeben wurde. Da er mütterlicherseits von den Inkas abstammte, gaben sie ihm die Plättchen ohne Bezahlung.

Peru ist ein US-Doller-Raum. Die Landeswährung Inti (Sonne) hat eine hohe Inflationsrate. Von daher nehmen Unternehmen, Händler, etc. nur Dollar an. Inti ist im Grunde die Währung der armen Leute.

Einschub, nochmals zurück zu meinem Limabesuch:

Philipp brachte mir eines Tages ein Flugticket für einen Flug nach Santiago de Chile mit und sagte, dass er dort beruflich für Hydrostahl unterwegs sei. In der Hauptstadt Chiles kannte er jemand, der im Ministerium auch mit Aurum zu tun hatte. Er stellte mir den Mann vor, der hervorragend Deutsch sprach. Ich fragte, woher er so perfekt Deutsch gelernt habe. Voller Stolz antwortete er, die deutsche Sprache habe ihn schon immer interessiert, da seine früheren Vorfahren Deutsche gewesen seien. Sein Deutsch habe er hier in Santiago am Goethe Institut weiter vervollständigt.

Bei einem kleinen Essen, zu dem ich ihn einlud, erzählte er mir, dass er auch Aurum verwalte. Aber er müsse alles an das Finanzministerium weiterleiten, welches an der New Yorker Börse handelte. Er sehe keine Möglichkeit, von den Kontingenten etwas zu verkaufen. Das war eine klare Ansage.

Am nächsten Tag wurde ich von Philipp zu einem letzten Essen eingeladen, da ich am nächsten Tag zurück nach Deutschland flog. Bei einem seiner Freunde wurde ein Schwein auf Inka Art gebraten. Die Damen waren auch dabei. Als ich sah, wie die das machten, war ich überwältigt. Eine Erdgrube war schon ausgehoben, mit großen, frischen Blättern waren die Seitenwände verkleidet. Unten am Boden loderte ein Feuer aus Holzkohle, das mittlerweile verloschen war und nur noch die glühenden Holzkohlenstücke zu sehen waren. Jetzt wurden darauf wieder diese großen grünen Blätter gelegt, quasi zur Abdeckung, die Sau darübergelegt, mit Blättern abgedeckt, dann schaufelten die Inkas Erde darüber, bis das Loch erdgleich verschlossen war. Nun hieß es, 3 Stunden bei gekühlten Getränken und Gesprächen zu warten. Dann war es so weit, die Inkas holten die fertig gegarte Sau aus dem Erdloch und zerlegten sie auf einem großen Holztisch. Alles erledigten die indogenen Inkas, die auch ihre Frauen in traditioneller Inkakleidung dabeihatten. Sie servierten auch und machten jedes Mal, wenn sie Frau

Menel bedienten einen Knicks. Die Sau schmeckte köstlich, mit einem leckeren Bier, das in Lima nach Bayerischer Brauart gebraut wurde. Die Damen tranken trockenen Weißwein oder Säfte dazu. Zum Schluss verabschiedete ich mich mit einer launigen Rede, die Philipp übersetzte. Wie immer bekam ich riesigen Applaus.

Es gibt eine Episode zu berichten.

An einem Sonntag wurde ich von der Familie Menel zum Essen in ein edles Restaurant eingeladen, es hieß Costa Verde und lag direkt am Meer in Mitte grüner Pflanzen und zahlreicher Blumen. Frau Menels Mutter war auch dabei. Eine rüstige alte Dame, der man ansah, dass sie einer königlichen Dynastie abstammte. Während des Essens fragte sie mich, ob ich gerne scharf esse, was ich bestätigte. Philipp warnte mich und flüsterte mir zu: Was jetzt kommt, macht sie mit jedem. Sie aß eine besondere Art von Chili, die ich probieren solle. Die war nicht nur scharf, sondern hatte es in sich. Mir blieb der Bissen im Hals stecken. Sie aber aß mit sichtlichem Genuss, schaute mich völlig unschuldig und mit einem verschmitzten Lächeln an und schaute, wie ich reagierte. Ich brauchte gleich mehrere Flaschen Mineralwasser, um etwas Linderung zu bekommen.

Auch fuhren Erik und ich mittags zu einem kleinen Imbiss zum Hafen. Dort gab es Ceviche, verschiedene rohe Fischstücke, lecker angemacht mit Zitrone und Limone. Dazu frisches Weißbrot und ein Glas Pisco. Das war immer sehr lecker und erfrischend. Also von gutem Essen verstehen die dort etwas. Das alkoholische Nationalgetränk heißt Pisco, ein Destillat aus Traubenmost, das zu jeder Gelegenheit getrunken wird. Im Wesentlichen kommt es unserem Weißwein nahe. Pisco schmeckt etwas säuerlich, dann spricht man von Pisco sour. Der schmeckte mir am besten. Es gibt auch eine süße Variante.

Eines Abends saß ich vor dem Hotel in einem Bistro, das auch zum Hotel gehrte, wo es Getränke und Kleinigkeiten zu essen gab. Ich hörte deutsche Stimmen, stand auf und ging auf die zwei Personen am Nebentisch zu und sagte, dass ich mich freue, deutsche Stimmen zu hören. Die beiden freuten sich auch, forderten mich auf, zu ihnen an den Tisch zu kommen. Nach Vorstellung der Namen sprachen wir über unsere Berufe. Es stellte sich heraus, dass der eine aus Thüringen in der DDR war, der andere ein Vertreter aus Lima. Der Mann aus Thüringen hieß Hagen Böttcher. Er war Ingenieur für Augenlaser und vertrieb diese im Auftrag von Zeiss Jena, ein DDR-Unternehmen. Er klagte mir sein Leid und sagte, dass es traurig sei, dass er die Augenlaser nicht in Westdeutschland verkaufen könne. Die Ärzte dort seien doch freie in ihren Kaufentscheidungen. Die westdeutsche Regierung ließ es aber nicht zu, um ihre heimischen Augenlaser, die von Siemens hergestellt wurden, zu schützen. Von daher könne er seine Laser nur in der Dritten Welt verkaufen. Diese waren preiswert. Oft wurden sie auch durch Kompensationsgeschäfte abgewickelt. Er hatte in Lima, wo er seit 3 Wochen war, von der Öffnung der DDR bzw. dem Mauerfall gehört und war darüber sehr erfreut. Kurz vor Mitternacht trennten wir uns, tauschten unsere Adressen aus und versprachen, zurück in Deutschland, weiter in Kontakt zu bleiben.

Der Mauerfall am 09.11.1989 und somit die Öffnung und die Reisefreiheit befreite die Menschen endlich. Im Jahr 1990 besuchte ich Hagen Böttcher nach vorherigem Telefonat mit ihm. Er wohnte mit seiner Familie, Frau und zwei Kindern im elterlichen Haus in Kahla, Thüringen.

Ich kam da gegen Mittag ein. Ein trostloser, heruntergekommener Ort. Fast alle Häuser waren marode. Die Stadt war von den Autos in blauen Dunst gehüllt. In Kahla gab es eine Porzellanfabrik, die mittlerweile stillgelegt war. In diesem VEB-Kombinat hatte auch seine Frau gearbeitet, die nun arbeitslos war. Ich hatte für alle kleine Geschenke mitgebracht, worüber sie sich sehr freuten. Das späte Mittagessen fand etwas außerhalb von Kahla in einer Datscha (russisch für Wochenendhaus) statt. Es gab Thüringer Rostbratwürste und Broiler (Hähnchen) vom Grill, dazu ein schmackhaftes Bier. Wir sprachen noch viel über unsere Tage in Lima. Ich lud sie zu einem Gegenbesuch nach Bayern, Niederroth ein. Da sie keine Verwandten im Westen hatten, nahmen sie das Angebot an. Hagen fuhr einen Trabant, kurz Trabbi genannt. Diese 2-Takt-Motoren liegen mit einem Benzin-Ölgemisch, das einen höllischen Gestank, verbunden mit blauem Dunst ausstieß.

Mittlerweile waren die westdeutschen Firmen unterwegs, um sich die Filetstücke der dortigen Industrie unter den Nagel zu reißen. Alle Geschäfte mussten über die Treuhand abgewickelt werden. Diese wurde von der Regierung installiert, um eine Kontrolle über die getätigten Geschäfte zu haben. Ihr erster Präsident hieß Karten Rohwedder, der von einem Scharfschützen der RAF (Rote-Armee-Fraktion) erschossen wurde. Die RAF war eine gewaltbereite Terrororganisation, die weltweit Terroranschläge verübte, um ihre Vorstellung von angeblich gerechter Politik durchzusetzen. Insbesondere in Deutschland verübte sie über Jahre Terroranschläge, meist verbunden mit der Ermordung von Politikern und Bankern. Die Nachfolge von Rohwedder trat Birgit Breuel an.

Heerscharen von Rechtsanwälten aus dem Westen wurden von der Treuhand angeworben, um diese bei der Umsetzung und Abwicklung der ostdeutschen VEB-Kombinate rechtlich zu unterstützen. Man munkelte, dass sie überwiegend das Interesse der westdeutschen Industrie mit vertragen, um sich der eventuell entstehenden Konkurrenz zu entledigen. Mag sein. Damals herrschten viele rechtsfreie Räume vor und man konnte sich immer darauf beziehen, denn keiner hatte wirklich Ahnung von der komplizierten Materie. Auch wurden Fördergelder, die meistens die zu zerschlagende VEB-Kombinate zweckentfremdet.

In dieser Zeit prägten sich die Begriffe „Wessi und Ossi" ein, die für die Menschen im Westen und die im Osten standen und lange fortbestehen sollten.

Hagen besuchte uns mit seiner Familie an einem Wochenende in Niederroth. Die Fahrt mit seinem Trabbi hierher lösten bei vielen bayerischen Bürgern, die er bei Pausen traf, großes Interesse aus. Sie bestaunten den Trabbi; einige sagten, er erinnere sie etwas an den Leut – ein Auto, das aus Hartfaser und Plastik hergestellt wurde – auch Leuko-Plast-Bomber genannt. An einem Samstag machten wir eine Stadtbesichtigung in München. Sie wollten die Stadt unbedingt sehen und waren begeistert. Auch vom Viktualienmarkt und den Geschäften waren sie angetan. Im Anschluss fuhren wir noch zum Ammersee, um im Kloster Andechs eine deftige Brotzeit und das bekömmliche Andechser Bier zu genießen. Sonntags nach dem Frühstück – wir hatten sie in unserem Gästezimmer untergebracht – fuhren sie wieder zurück nach Kahla, da Hagen am Montag wieder arbeiten musste. Wir telefonierten noch mehrmals miteinander, verloren uns aber dann aus den Augen. So ist das. Alles sind Episoden des Lebens, die in einen bestimmten Zeitabschnitt fallen.

Zurückkommend auf Michael. Michael musste nach seiner Lehre zum Groß- und Außenhandelskaufmann bei Südfleisch in München seinen Wehrdienst ableisten. Dieser wurde in Holzdorf, Ostdeutschland, bei der Luftwaffe abgeleistet. Dort lernte er einen Kameraden kennen, dessen Vater Major bei der Luftwaffe in Fürstenfeldbruck war. Da Michael ein Auto hatte, nahm er seinen Kameraden an den Wochenenden mit nach Hause und holte ihn montags in Fürstenfeldbruck wieder ab. Das sollte sich auszahlen. Nach der Grundausbildung sind wir mit seiner Oma Annemarie zur Vereidigung dort hingefahren und sahen einen absolut freudigen Soldaten. Die Bundeswehr war sein Ding. Nach der Vereidigung wurden Michael und sein Kamerad nach Fürstenfeldbruck versetzt. Er als Ordonnanz im Stab eingesetzt. Das hatte wohl der Vater seines Kameraden organisiert. Somit hatte er am Wochenende oft Freizeit, die er mit seinen Freunden aus Dachau und München verbrachte. Als Ordonnanz hatte er auch Einblick in die Organisation der Bundeswehr.

Bat mich, auch Lamm einmal zu probieren. Eigentlich war ich bis dato kein Freund von Lamm. Ihr zum Gefallen bestellte ich das Gleiche. Tatsächlich schmeckten mir die Lamm-Koteletts ausgezeichnet, zumal sie leicht mit Knoblauch gewürzt waren. Vor lauter Freude bestellte ich noch eine Flasche Rosé. Nach dem Essen machten wir uns leicht beschwipst auf den Heimweg. Im Hotel angekommen legten wir einen erholsamen Nachmittagsschlaf ein.

Eines Abends war im Hotel Bauchtanz angesagt. Brigitte und ich gingen hin. In illustrer Stimmung tanzte die Bauchtänzerin auf uns zu und wackelte mit allem, was sie zu bieten hatte. Schön. Es war üblich, dass sie ein Trinkgeld bekam. Also steckte ich ihr einen 5,00 DM.-Schein in den BH und dachte, jetzt wind wir erlöst, aber falsch gedacht. Sie legte extra für uns noch einen weiteren Tanz ein. Im Nachhinein erfuhr ich, dass die Tänzerinnen keine Türkinnen, sondern alles Russinnen waren.

Auch waren wir morgens gerne sportlich unterwegs. Brigitte machte Morgengymnastik. Später spielten wir am Strand Volleyball. Das war immer eine Gaudi. Es kam weniger aufs Gewinnen als auf das Spiel an, welches mit teilweise artistischen Einlagen der SpielerInnen gewürzt war. Nachdem der Türkeiurlaub so gut gefallen hatte, beschlossen wir, in den Herbstferien nochmals in die Türkei zu fahren.

Diesmal verbrachten wir unseren Urlaub in der Türkei, in Antalya im Taliahotel – ein Fünf-Sterne-Hotel, das auch Einheimischen Zutritt ermöglichte und viele Veranstaltungen hatte. Es war immer etwas los. Das Hotel lag direkt am

Meer an einer Steilküste, die einen herrlichen Blick übers. Meer hatte, eine Augenweide. Mittels Aufzugs fuhr man durch eine Felswand, um an den Strand zu gelangen. Eine Badeplattform war etwas weiter im Meer verankert, die über einen Steg mit dem Strand verbunden war. Da der Strand zu felsig war, konnte man dort nicht liegen. Von dieser Plattform sprang oder stieg man mittels Leiter ins Meer. Landseits grenzte das Hotel an einen großen öffentlichen Park, durch den man in kurzer Zeit den Hafen von Antalya erreichen konnte. Dort gingen wir vor dem Abendessen hin, um den Fischern bei der Arbeit zuzusehen. Mit einem Glas Wein beendeten wir den Tag und gingen zurück zum Hotel. Vor dem Abendessen tranken wir gerne Raki. Diesen Raki nennt man in Griechenland Ouzo, in Frankreich Pastis, alle dieser leichten Schnäpse basieren auf Anis. In der Türkei legt man großen Wert auf korrekte Kleidung. Das heißt, dass man nicht mit Shorts oder T-Shirt zum Abendessen kommt.

In dieser Zeit war in der Türkei Wahl. Die einzelnen Parteien fuhren mit Autos durch die Stadt und priesen ihre Programme via Lautsprecher an. Es war die Partei von Mustafa Kemal, der vor 100 Jahren die Partei gegründet hatte, die gewann. Dieser wurde später von den Türken auch Mustafa Kemal Atatürk genannt. Atatürk steht für Vater aller Türken. Der hatte in seiner Zeit eine laszive Politik eingeführt, das heißt, er liberalisierte die Wirtschaft, verzichtete auf Regularien für die Bürger, öffnete das Land an den westlichen Kulturkreis und setzte noch weitere Maßnahmen in Kraft. Die Bevölkerung dankte es ihm mit 90 % Zustimmung, wie die Chronisten bestätigen.

Eines Abends bei einem Bummel über Antalyas Prachtstraße, dem Cadesi Boulevard, auf dem die Geschäfte in der Regel bis spät abends offen hatte, sah Brigitte im Fenster eines Juweliergeschäfts ein prächtiges Collier aus Gold mit Brillanten besetzt, dazu passend Armreif und Ohrringe. Ich zog sie weiter. Wir gingen ein paar Meter, dann sagte sie, sie möchte sich das komplette Ensemble ansehen. Ich dachte gleich, dass das eine Stange Geld kosten würde. Wir gingen in das Juweliergeschäft und der Juwelier fragte uns nach unseren Wünschen. Brigitte legte gleich los und zeigte auf das Collier. Der Juwelier schluckte. Man sah ihm an, dass er damit nicht gerechnet hatte. Brigitte trug ein hübsches, weißes Kleid mit leichtem Dekolleté. Mit ihrer gebräunten Haut sah sie hinreißend aus. Der Juwelier entnahm das Ensemble aus dem Schaufenster und legte ihr das Collier um den Hals. Es folgten Armreif und Ohrringe. Ich habe mich auf der Stelle nochmals neu in sie verliebt, so gut machte sich der Schmuck an ihr. Sie sah wunderschön aus. Der Juwelier bot Tee und Raki an. Während Brigitte im Spiegel den Schmuck bewunderte, fingen unsere Preisverhandlungen an. Er nannte einen Preis, der mir viel zu hoch erschien. In der Türkei muss man es verstehen, elegant und smart zu verhandeln. Ich sagte nichts zu dem Geforderten Preis und lobte ihn über die hervorragende Arbeit, die ihm sicher viel Mühe gemacht hat. Er war sichtlich überrascht, dass ich nicht sofort auf sein Preisangebot geantwortet hatte. So nebenbei nannte ich die Hälfte seines Angebots. Sofort fing er das Klagen an über die Kosten, die Arbeit und so weiter. Ich ließ ihn erst mal weiter lamentieren. Dann erwiderte ich lügender Weise, ich hätte in Deutschland 8 Söhne zu versorgen und das wäre wirklich nicht leicht für uns, sie durchzubringen. Da sprudelte es förmlich aus ihm heraus. Er weiß, was ich sagen wolle. Er selbst habe 3 Söhne und nur mit Allahs Hilfe bringe er sie durch. Das Eis war gebrochen. Nach mehreren Rakis, die wir beide tranken, einigten wir uns auf einen akzeptablen Preis. Nach einigen herzlichen Umarmungen begleitete er uns bis vor sein Geschäft und wünschte uns noch schöne Urlaubstage im Talya-Hotel. Auch sollten wir die Hotelleitung von ihm grüßen, was wir auch taten.

Im Talya-Hotel wusste man schon über unseren Besuch beim Juwelier Bescheid. Ich hatte den Eindruck, als würden wir noch besser bedient als zuvor. Offensichtlich hängt in der Türkei alles miteinander zusammen bzw. ist unter anderen Verbindungen verknüpft. Natürlich wurde beim Abendessen, Brigitte hatte ihren Schmuck angelegt, mit Sekt angestoßen, spendiert von der Hotelleitung. Die kam persönlich an unseren Tisch, fragte, ob alles in Ordnung sei, um dabei einen verstohlenen Blick auf den Schmuck zu werfen. Wir hatten einen schönen Abend, tanzten noch in der Bar, wo ein Pianist am Piano saß, und flotte Musik spielte. Die Zeit verging wie im Fluge und unser Urlaub war zu Ende.

In München angekommen winkte uns ein Zollbeamter aus der Reihe. Wir sollten den Koffer öffnen. Er durchsuchte diesen vor unserer Nase. Ich sagte, das sei der Schmuck meiner Frau. Auf dem Beutel stand der Name des Juweliers mit der Ortsangabe Antalya. Er schaute in den Beutel und sagte, wir hätten die Einfuhrumsatzsteuer hinterzogen. Das sei ein Strafvergehen. Völlig verdutzt antwortete ich, dass ich das nicht gewusst hätte. Daraufhin belehrte er uns, dass alles, was einen Wert von 500,00 DM übersteigt, verzollt werden muss. Er nahm unsere Personalien auf und fügte akribisch die einzelnen Schmuckstücke in einer Liste auf. Er gab uns den Schmuck zurück und sagte, wir können jetzt gehen, würden aber vom Hauptzollamt Landshut wieder hören. Nach einiger Zeit bekam ich vom Hauptzollamt Landshut einen Bußgeldbescheid auf mich lautend, weil der Schmuck in meinem Koffer gefunden wurde. Ich zahlte umgehend.

Die Angelegenheit war somit erledigt. Am nächsten Tag telefonierte ich mit unserem Anwalt und schilderte ihm die Situation am Flughafen. Er meinte, als er hörte, dass wir den Schmuck wieder mitnehmen durften, dass es dann nicht so schlimm würde. Außerdem meinte er, wen meine Frau demnächst wieder in der Türkei auf Schmuckeinkaufstour gehe, solle sie diesen bei der Rückreise anlegen, dann könne niemand feststellen, wo der Schmuck herkäme. Eventuelle Rechnungen und Garantieurkunden sollten per Post zu uns nach Hause geschickt werden. Ja, so sind Rechtsanwälte. Höchstwahrscheinlich hatte er schon ähnliche Fälle abgewickelt.

Urlaub war für uns immer eine kostbare Zeit, in der wir Abstand nehmen konnten von den tagtäglichen Aufgaben im Beruf und die das Leben an uns stellte. Weitab von diesem Geschehen schöpften wir Kraft für weitere Herausforderungen. Wir hatten unseren Söhnen stets gesagt, dass sie uns nur in absoluten Notfällen telefonisch in den jeweiligen Hotels erreichen konnten. Das galt auch für die LSI. Ich hatte mein Handy, um unabhängig vom Hotel telefonieren zu können.

In diesem Jahr machten wir in Kemer/Türkei Urlaub, da wir das Taurusgebirge sehen wollten. Dort besuchten wir das Naturschutzgebiet Phaphelis, den brennenden Berg (vulkanisch ausströmendes Gas, das sich von selbst entzündet) und gingen zu Fuß auf den Spuren der alten Griechen nach Olympos. Wir besuchten die kleine Hafenstadt Fethiye, wo wir zur Mittagszeit ankamen. In einem kleinen Restaurant aßen wir eine leckere, gegrillte Fischplatte mit Salat und Weißbrot. Dazu genehmigten wir uns einen trockenen Weißwein.

In Kemer selbst lernten wir einen Goldschmied namens Esat Sari kennen. Bei einem Spaziergang durch Kemer sahen wir ihn durch ein Fenster in seiner Werkstatt arbeiten. Das wollte sich Brigitte einmal anschauen. Kurzerhand gingen wir in das Geschäft, fragten ihn, ob wir ihm bei der Arbeit zuschauen können. Er freute sich über unser Interesse. So kamen wir ins Gespräch. Brigitte zeigte weitergehendes Interesse (ich konnte mir denken, was jetzt kommt und dass es mit Geldausgaben verbunden war), malte auf einem Stück Papier einen langen Ohrring auf, an dessen Ende ein großer schwarzer Punkt aufgemalt war. Esat war sofort Feuer und Flamme und meinte, das könne er machen.

Stefan wurde 1991 konfirmiert. Auch diesmal wieder eine schöne Konfirmation, bei der sich die Konfirmanden/Konfirmandinnen zu ihrem Glauben bekannten. Nach der Feier fuhren wir mit den Verwandten ins Restaurant

Brummer nach Großinzemoos, das nahe bei Niederroth liegt. Alle hatten mittlerweile einen gesunden Appetit und ließen sich Essen und Getränke schmecken.

Im Jahr 1993 war Stefan 15 Jahre alt und hatte einen erfolgreichen Abschluss an der Städtischen Realschule Gottzingerstraße in München abgelegt. Er trat nun bei Danzas eine Lehre zum Speditionskaufmann an. Nach 3 Jahren Lehrzeit war er erfolgreicher Speditionskaufmann. Die Firma Danzas wurde später von DHL übernommen, er mit.

Nach seinem Lehrabschluss forderte die Bundeswehr ihren Tribut. Er wurde zum Wehrdienst eingezogen. Im Lions-Club hatten wir einen Oberst Reichel, den wir zum Abendessen zu uns nach Niederroth eingeladen hatten. Im Laufe des Abends erwähnte ich, dass Stefan zum Wehrdienst eingezogen wurde. Die Bundeswehr-Vita von Michael kannte er bereits. Er bot sich an, Stefan in der näheren Umgebung einzusetzen. Das funktionierte auch. Offensichtlich hatte er vorab mit dem Kompaniecheck von Stetten am kalten Markt gesprochen. Das ist kurz hinter Ulm auf der Schwäbischen Alb. Ich hatte ihm unseren VW-Passat zur Verfügung gestellt, mit dem eigentlich seine Mama fuhr. Brigitte hatte einen metallicblauen Mitsubishi Colt gekauft. Der war neu auf den Markt gekommen und wurde wegen seines hypermodernen Stylings von allen bewundert.

Stefan brauchte für die Fahrt nach Stetten ca. 1 bis 1,5 Stunden, je nach Verkehrslage. Von daher war er fast jedes Wochenende zu Hause. Seitens der Bundeswehr wurden selten Übungen an Wochenenden abgehalten. Eines Tages beklagte er sich, dass er eine eiskalte Nacht im Zelt verbringen musste, um Wache zu schieben. Die Bundeswehr war nicht sein Ding. Nach 3 Monaten war die Grundausbildung zu Ende und die Vereidigung stand an. Wir fuhren dorthin – wieder mit seiner Oma Annemarie. Die Bäckerinnung des Ortes hatte für die Soldaten auf großen Platten Blechkuchen gebacken. Diese Platten wurden mittels zweier Autokräne hüfthoch positioniert. Nun konnten die Gäste kommod an die leckeren Blechkuchen kommen. Weil es so lecker schmeckte, langten sie kräftig zu.

Lions-Freund Reichel und Frau hatten uns sozusagen als Gegen-Einladung zu sich nach Hause eingeladen. Er wusste bereits von der Beendigung der Grundausbildung und der Vereidigung. Er sagte uns, dass Stefan nun nach München in die Heidemannkaserne in der Ingolstädter Straße, und zwar als Feldjäger (Polizei der Bundeswehr) käme. Außerdem sagte er uns, dass er sehr gute Beziehungen zur amerikanischen Armee in den USA hätte. Er bot Stefan an, dass dieser im Rahmen eines Austausches (US-Soldaten nach Deutschland und Bundeswehr-Soldaten in die USA) teilnehmen könne, sofern Stefan das wolle. Das Ganze wäre kostenlos, Stefan bräuchte nur Taschengeld. In München ging er seinen Dienst als Feldjäger nach. Am Wochenende hatte er fast immer frei und konnte mit seinen Freunden vieles unternehmen. In einigen Wochen war es so weit.

Stefan flog an die Westküste der USA auf einen Militärstützpunkt nahe Death Valley. Hier verblieb er einige

Zeit, um an verschiedenen militärischen Übungen teilzunehmen. Nach dem Ende des Aufenthaltes begann er, sich auf die Heimreise zu konzentrieren. Auf dem Rückflug nach München besuchte er Los Angeles, Fresno, San Francisco, San Diego, um bei der Stadtbesichtigung festzustellen, dass diese noch Häuser aus der Kolonialzeit hatten. Auf dem Rückflug zur Ostküste besichtigte er weitere Städte. Nach 3 Wochen war er wieder zu Hause, wo er vieles zu berichten hatte.

In den Osterferien 1993 machten wir nach langer Enthaltsamkeit Urlaub in Side/Türkei im Hotel Asterira – ein komfortables Fünf-Sterne-Hotel. Das Hotel lag etwas außerhalb von Side direkt am Strand. Man konnte zu Fuß in kurzer Zeit das Städtchen aus der Zeit der Antike erreichen. Da es Mittagszeit war, kehrten wir in ein Restaurant mit Dachterrasse ein. Die Sonne schien, zum Schutz waren Sonnenschirme aufgestellt, die Tische mit blütenweißen Tischdecken versehen. Es freut mich immer wieder, wenn darauf geachtet wird. Brigitte aß gerne Lamm. Sie bestellte Lammkotelettes mit Weißbrot. Dazu bestellte ich einen leichten Rosé.

Esat sagte, es werde 3 Tage dauern, bis alles fertig ist. Er sprach deutsch. Wie sich später herausstellte, war er mit einer Lufthansa-Stewardess befreundet.

Nach 3 Tagen holten wir den Ohrring ab. Brigitte befestigte ihn. Das sah mit dem Saphir gut aus. Dann fragte sie Esat, ob er auch einen passenden schmalen Halsreif aus Weißgold habe, um den Ohrring dort zu befestigen, dann könne sie ihn auch als Halskette tragen. Esat hatte einen passenden Reif. Allerdings musste am oberen Ende des Ohrrings noch eine kleine Öse angelötet werden, damit dieser in den Halsreif ging. Das machte er sofort. Nachdem der Ohrring abgekühlt war, legte Brigitte das Ensemble um den Hals. Das sah gut aus. Somit hatte sie einen multifunktionalen Schmuck, der sowohl am Ohr wie um den Hals getragen werden konnte. Es wurde Weißgold verwendet, der Saphir war lupenrein und hochkarätig. Esat nannte seinen Preis, der im Rahmen war und ich bezahlte.

Als wir gehen wollten, fragte er uns, ob wir für das kommende Wochenende schon was vorhätten. Wir verneinten. Er würde uns gerne zum Forellenessen ins Taurusgebirge einladen, seine Freundin wäre auch dabei. Wir sagten zu. In der Mittagszeit holte er uns mit seiner Freundin am Hotel ab. Wir fuhren mit seinem Auto eine halbe Stunde bis ins Gebirge, wo das Restaurant einschließlich Forellenzucht lag. Esat und der Eigentümer kannten sich. Der begrüßte uns, zeigte auf das Bassin, in dem die Forellen schwammen, sagte, wir sollen uns doch jeweils eine aussuchen. Mir lief schon das Wasser im Mund zusammen. Er nahm einen Kescher und hob 4 Forellen aus dem Wasser. 2 für uns und 2 für die Verliebten. Auch wurden schon kleine, kalte Vorspeisen auf dem kleinen eingedeckten Tisch serviert. Seine Freundin, eine hübsche, blonde junge Frau, erzählte uns von ihrer stressigen Arbeit als Stewardess. Ich fragte Esad, woher das Wasser für das Forellenbecken käme. Ganz einfach erläuterte er. Etwas weiter oben würde ein Gebirgsbach mittels einer Rohrleitung abgeleitet und bei Bedarf in das Becken geleitet. Überschüssiges Wasser aus dem Becken wurde unterhalb wieder in den Bach geleitet. Nach kurzer Zeit wurden die Forellen serviert. Sie schmeckten köstlich. Dazu ein gekühlter, trockener Weißwein. Ja, man muss das Leben auch leben können. Am späten Nachmittag fuhren wir ins Hotel zurück. Zuvor bedankte ich mich bei dem Besitzer mit einem Trinkgeld. Auch bei Esat bedankten wir uns.

Nach 2 Tagen war die erlebnisreiche Zeit zu Ende und wir flogen nach München zurück. Diesmal hatte Brigitte den Schmuck um den Hals gelegt. Wir passierten ungehindert den Zoll. Ja, der Mensch wird aus Erfahrung klug. Die Arbeit begann wieder. Fliegen, Büro, Schule war angesagt. Schnell war der Herbst da.

Wir flogen in Urlaubsstimmung ins Talya-Hotel. In diesem Herbst war es dort sehr heiß. Tagsüber waren wir beim Baden im Meer. Diesmal wurde Mittagsschlaf gemacht. Durch das Baden im Meer war man müde. Vielleicht waren wir auch von unserer Arbeit zu Hause noch erschöpft. Wie dem auch sei, es tat uns gut. Vor dem Abendessen spazierten wir durch die Altstadt, besichtigten das Hadrians Tor, flanierten über den Cadesy Boulevard mit seinen internationalen Geschäften. Wir nahmen in der Lobby des Hotels seinen Aperitif in Form von Raki ein, dem türkischen Nationalgetränk. Dieser ist verwandt mit dem griechischen Ouzo und dem französischen Pastis, allesamt ein leichter Schnaps auf Anisbasis. Das Wetter verschlechterte sich, eine Kaltfront kam an. Die Hotelanlage wurde für die Winterzeit vorbereitet. Im Winter gibt es dort heftige Winterstürme mit viel Regen. Das Meer ist dann außer Rand und Band. Meterhohe Wellen peitschen an den Strand. Wieder zu Hause angekommen, plante Brigitte schon für die Weihnachtszeit.

Weihnachten, Heiligabend, fuhr ich immer mit den Kindern in die Friedenskirche nach Dachau. Hier wurde das Krippenspiel von den Gemeindekindern aufgeführt, die den drei Weisen aus dem Morgenland auf dem Weg zum Jesus Kind nachempfunden waren. Nach dem Gottesdienst fuhren wir heim, wo Brigitte schon das Essen vorbereitet hatte. Dieses Ritual stammt noch von meinen Eltern. Das kam daher, dass mein Vater immer über Weihnachten arbeiten musste, nur an Heiligabend hatte er frei. Von daher wird das auch weiter so gehalten. Jetzt sind unsere Enkel Maximilian und Benedikt mit Stefan und Birgit dabei. Michael und Stefanie, demnächst mit ihrer kleinen Tochter Valentina – wir wünschen eine gelungene Entbindung. Außerdem Birgits Schwester Kerstin mit Sohn Felix. Wichtig auch, vor dem Essen lese ich den Kindern immer eine Weihnachtsgeschichte vor, denen auch die Erwachsenen gerne zuhören.

Am 18. August feierten meine Eltern goldene Hochzeit. Wir fuhren hin. Alle kamen zu diesem, ihrem Ehrentag. Der Bürgermeister gratulierte mit Urkunde und einem großen Geschenkkorb. Zahlreiche Verwandte, Freunde und Bekannte gratulierten. Eine schöne Feier. Am nächsten Tag verabschiedeten wir uns und fuhren zurück nach Niederroth.

Am 11.12.1995 hatte ich meinen 50sten Geburtstag. Zahlreiche Verwandte, Freunde und Bekannte kamen zum Gratulieren. Astrid Christmann, die Frau vom Landrat und

Lions-Freund hatte die Idee, den offiziellen Tag doch an Sylvester zu feiern, da im Dezember die Weihnachtsfeiern stattfinden. Das leuchtete mir ein. Also steig die Feier am 31.12.1995 bei Hans und Barbara Weißenbeck im großen Saal. Von Brigitte und den Kindern bekam ich einen Bank und Olufsen Fernseher geschenkt. Den hatte ich mir wegen seines edlen, modernen Designs schon immer gewünscht. Es war ein Standgerät auf einem drehbaren Teller. Beim Einschalten des Geräts fuhr er automatisch in die zuvor gewählte Position. Der Bildschirmschoner fuhr in die Endstellung und gab das Bild frei. Wählbar waren 2 Varianten. Einmal Ausschnitt 4:3 oder schon das zukünftige Format 16:9. Ein Videorekorder war auch dabei. Schade nur, dass 1 Jahr später Video völlig out war. Die DVD hatte die Führung übernommen. Eine Nachrüstung war nicht möglich, da der Fernseher noch analog lief.

Sylvester nahte, Tage zuvor waren schon die Verwandten angereist, die weiter weg wohnen. Sie wurden im Gast haus Prummer einquartiert. Meine Schwester mit Kindern und ihrem neuen Mann, mit dem sie noch nicht verheiratet war. Dieter Biedermann, den ich noch nicht kannte, war ein überaus höflicher, zurückhaltender, sympathischer Mann, den wir sofort mochten. Am Sylvester-Morgen sind dann alle anderen angereist, die auch beim Prummer untergebracht wurden.

Am frühen Abend, 18:30 Uhr, begann das Fest und dauerte bis spät nach Mitternacht. Insgesamt waren wir 120 Personen. Hans und Barbara hatten die Tische schön eingedeckt und mit weißen Tischdecken den Tisch festlich geschmückt. Es gab ein viergängiges Menü, Wein nach

Wahl, Kaffee, Espresso und ab 24:00 Uhr wahlweise Weißwürstel oder eine scharfe Gulaschsuppe.

Hansjörg Christmann spendierte ein fulminantes Feuerwerk, das Punkt 24:00 Uhr mit großer Begeisterung angeschaut wurde. Selbstverständlich wurden auch Reden auf den Jubilar gehalten. Insbesondere Hans Stöhr trug nochmals meine Lebensgeschichte in bayerischer Mundart vor, was mit Begeisterung aufgenommen wurde. Hans Weißenbeck hatte noch eine Ballroom Combo organisiert, die zu vorgerückter Stunde zum Tanz aufspielte. Alles in allem eine gelungene Silvesterfeier, die gegen 03:00 Uhr morgens zu Ende ging.

Am Neujahrstag – jetzt schrieb man 1996 – gingen Brigitte und ich ins Gasthaus Prummer, um unsere Verwandten zu verabschieden. Wir waren um 11:00 Uhr da, alle hatten ihren kurzen Schlaf beendet. Mit Toni Prummer war vereinbart, ein Buffet mit bayerischen Schmankerln aufzubauen. Als wir es sahen, lief uns schon das Wasser im Mund zusammen. Allen schmeckte es und alle griffen herzhaft zu. Im Beisein aller gratulierte er mir zum 50. und sagte, dass er das heutige Bier zum Geburtstag spendiere. Das Brunchen dauerte von daher bis in den späten Nachmittag.

Am 4. Januar 1996 trafen viele Briefe bei uns ein. In diesen bedankten sich die Gäste für die gelungene Geburtstagsfeier. Na ja, das Ganze war auch nicht gerade billig. Wenn große Feste gefeiert werden, dann auch richtig.

In den Osterferien 1996 flogen wir nach Lanzarote auf die kanarischen Inseln. Überall in Deutschland wurde damals Werbung für die Inseln gemacht. Wir unternahmen viele Wanderungen. Eine führte nach Puerto del Carmen. Dort wurden wir auf der Straße von jungen Leuten angesprochen, ob wir nicht Interesse haben, eine Immobilie zu besichtigen. Da wir nichts Besseres zu tun hatten, willigten wir ein. Am Straßenrand standen ihre Autos. Eine junge Frau fuhr uns dort hin. Diese Immobilie lag an der Costa Teguise, ziemlich weit von unserem Hotel entfernt. Es stellte sich heraus, dass man eine Wohnung in der Anlage kaufen könne, die in der Zeit unserer Abwesenheit vermietet werden. Eine Art Home Sharing. Die Mieteinnahmen würden bei einer spanischen Bank auf unseren Namen eingezahlt. So das Konzept der Betreiber. Uns war das alles zu undurchsichtig; durch die Hintertür wurden wir entlassen.

Wir besichtigten noch weitere Sehenswürdigkeiten der Insel; außer erloschener Vulkane gab es wenig zu sehen. Auch die überall gelobte Vulkangrotte des Künstlers Cesar Manrique, in der weiße, blinde Krebse herumschwammen, war nicht überwältigend. Lanzarote ist eine öde Vulkanlandschaft, die uns absolut nicht gefallen hat. Kurz gesagt: für uns nicht das richtige. Wir waren froh, als unser Urlaub zu Ende war, zumal – wie überall in Spanien – alles sehr teuer war.

In den Osterferien flogen wir nach Zypern nach Paphos. Wir wohnten im Hotel St. Georg, wo Freude mit Vergnügen geboten wird; so die Hotelleitung in ihrem Prospekt. Im Reiseprospekt hieß es, dort, wo die Götter Urlaub machen. Mit meiner Göttin unternahm ich zahlreiche Ausflüge, da man kaum am Strand liegen konnte, da das

Wetter so schlecht und das Meer zu kalt war. An einem Montag fuhren wir zum Bad der Aphrodite. Was man sah, war eine Quelle, die in Stein gefasst war und auf der das Wasser als kleines Rinnsal abfloss. In der griechischen Mythologie ist sie die Göttin der Liebe und der Schönheit. Hier soll sie immer gebadet haben. Ihre römische Pedantin heißt Venus. Diese wird auf Gemälden als sinnliches, etwas fülliges Weib dargestellt. Ich persönlich liebe kurvige Frauen.

Das Hotel verfügte über ausgestattete Fitnessräume und ein Hallenbad, das man über einen kurzen Gang erreichen konnte. Im Hallenbad, wo reichlich Platz war, stand eine Tischtennisplatte. Eines Tages, während eines Matches rutschte ich auf den nassen Fliesen aus und brach mir den rechten Ringfinger. Der Bademeister leistete erste Hilfe. Die Hotelleitung verwies mich an eine Privatklinik in Paphos, die einem deutschsprachigen Chirurgen gehörte. Ich fuhr mit dem Taxi dort hin. Mittlerweile war meine Bruchstelle stark angeschwollen, sodass ich mir Gedanken machte, wie wohl der Ring abgehen würde. Der Arzt sagte, er habe in München studiert und spräche deshalb so gut Deutsch. Mittels eines Bindfadens, den er zwischen Finger und Ring einfädelte, ging der Ring durch leichten Zug ab. Vorher hatte ich eine Betäubungsspritze in das Gelenk bekommen, sodass ich nichts spürte. Jetzt erfolgte das übliche Prozedere: Röntgenaufnahme, Stabilisierung des Fingergelenks, Fixierung mit einem Stützverband, fertig. Zur Kontrolle sollte ich zu Hause nochmals einen Arzt aufsuchen. Die Rechnung machte umgerechnet DM 150,00 aus; günstig. Leicht behindert konnte ich nicht mehr sportem. Beim Essen hatte ich

Schwierigkeiten, die Gabel zu halten. So verbrachten wir den Resturlaub eingeschränkt.

Mein Schwager Hans Dieter mit Frau Monika hatten uns nach Spanien in den Ort Moreira eingeladen, wo sie ein Ferienhaus besaßen. In den Osterferien fuhren wir mit dem neuen VW Golf dort hin, damit dieser eingefahren wurde. Wir fingen mit geringer Geschwindigkeit an und steigerten sie langsam. Zuerst wurde das Haus besichtigt, dann das noch im Bau befindliche Schwimmbadbecken.

Nachdem wir uns zwei Tage ausgeruht hatten und wieder fit waren, lud Hans Dieter seine Freunde mit deren Frauen ein. Sie waren allesamt aus Karlsruhe und hatten sich in den umliegenden Ortschaften angesiedelt. Auch sie besaßen Ferienhäuser. Es gab ein auf Spanisch gehaltenes Essen. Paella. Trinkfreudig und -fest musste man sein, um Tequila, Rotwein, etc. auszuhalten. Die Fete dauerte bis weit nach Mitternacht. Danach fielen wir völlig fertig ins Bett. H. D. mit Monika zeigten uns viele Sehenswürdigkeiten in den naheliegenden Ortschaften. Oreira gehört zur Gemeinde Teulada, Provinz Alicante und liegt an der Costa Brava. Südlich davon liegt Valencia. In Teulada gingen wir oft zum Essen. Das Gasthaus mit dem Wirt hatte eine hervorragende Küche, die ausgefallene Gerichte zu einem akzeptablen Preis anboten. Eines davon war mein Lieblingsgericht. Hase in Rotweinsoße mit Gemüseallerlei und Kartoffeln.

Im April feierten wir in Niederaußem 75. Und 74. Geburtstag meiner Eltern. All ihre Freunde kamen, um mit ihnen diesen Ehrentag zu feiern. Mein Vater wurde am 24.03.1924 und meine Mutter am 27.04.1925 geboren.

In diesem Jahr kamen wir aus dem Feiern nicht mehr raus. Einer unserer Freunde, Wolfgang Beutel wurde im Juni 60 Jahre alt. Er und seine Frau Sybille luden uns zur Geburtstagsfeier zum Weißenbeck ein, wo wir ein leckeres Menü aßen.

Im Juli wurde in unserem Freundeskreis 6x bronzene Hochzeit gefeiert. Die 6 hatten uns jeweils mit weiteren Freunden zum Weißenbeck geladen. Wir feierten bei gutem Essen und Getränken. Auch hatten wir Besuch von meinen Eltern und meiner Schwester Gitte mit Dieter.

Im August hatten wir gleich zwei Ereignisse. Zuerst war unser Jumelage Club Fondi zu Besuch in Dachau. Der Vorstand wurde von uns nach Hause eingeladen, wo sie unser Anwesen bestaunten, insbesondere den parkähnlichen Garten. Wie üblich gab es einen kleinen Imbiss.

Am 26.08.1999 wurde Brigittes Mutter Annemarie 75 Jahre alt. Ihre Söhne Hans Dieter und Detlef mit ihren Frauen Monika und Edith waren auch dabei. Tagsüber stimmten wir uns mit Erzählen von Vergangenem ein und stießen mit einem Glas Sekt auf das Geburtstagskind an. Abends hatten Brigitte und ich nach Dachau zum Chinesen eingeladen nebst dem Rest der Familie. Sie aß gerne chinesisch. Das stammte noch aus der Holland-Zeit, wo oft indonesische Reistafel gegessen wurde. Der Abend klang fröhlich aus. Im September hatten wir Besuch von Brigittes Eltern.

Schnell war der Herbst da und wir gingen unserer Arbeit nach. Nach dem vielen Stress, den wir hatten, gönnten wir uns einen Urlaub. Wir flogen in die Türkei nach Beleg ins Hotel Kaja, wie üblich ein Fünf-Sterne-Hotel. Das Hotel verfügte über eine großzügige Wellness-Anlage, die wir gerne nutzten. Auch war das Meer noch warm, sodass man angenehm schwimmen und auf das schneebedeckte Taurusgebirge sehen konnte. Es war wunderbar, diese Pracht zu erleben. Die türkische Freundlichkeit der Menschen war uns immer eine Freude. Nicht zu vergessen das Essen, schmackhaft und bekömmlich.

Opa Hans, Brigittes Vater wurde während des Krieges abgeschossen. Er war Pilot bei der Luftwaffe und überlebte. Das war am 28.11.1944. Von daher feierte er immer an diesem Tag seinen zweiten Geburtstag. Diesmal war die Familie nach Karlsruhe eingeladen, um diesen denkwürdigen Tag mit ihm gemeinsam zu feiern. Wie in all den Jahren freuten wir uns ihn so fidel zu sehen.

In den Herbstferien im Jahr 2000 flogen wir wieder einmal in die Türkei. Wie üblich nach Belek in den Club Mega Sarei. Deswegen, weil die Fahrt vom Flughafen bis dorthin nur eine halbe Stunde Fahrzeit betrug. Eine schön angelegt Clubanlage, welche direkt ans Meer grenzte. Im Hotel gab es an Essen und Getränken alles, was das Herz Begehrte verbunden mit der türkischen Gastfreundschaft. Wir erholten uns von den Strapazen zu Hause, machten diesmal keine Ausflüge. An einem Tag fuhren wir mit dem Dolmus in die nahe gelegene Stadt Kadriye. Nach Dolmus zu fahren bedeutet, mit einem Kleinbus zu fahren, den die Einheimischen benutzen, um sich inklusiven Hühnern und anderem Kleinvieh fortzubewegen. Auch wenn die meisten Einheimischen kein Deutsch verstanden, verständigte man sich im Bus mit Händen und Füßen, vulgo Zeichensprache. Das funktionierte gut. Die Busfahrt ostete pro Person 1,00 DM. Da wir weit hinten saßen, konnten wir die 2,00 DM nicht dem Busfahrer geben, da der Gang mit Kleinvieh zugestellt war. Das machte nichts. Die 2,00 DM wurden von einem zum anderen weitergereicht bis zum Busfahrer, mit dem Hinweis, die wären von dem Deutschen. Auf türkisch natürlich. An den Personen im Bus konnte man Studien betreiben. Die meisten bäuerlicher Herkunft, denen man die sprichwörtliche Bauernschläue ansah. Aber allesamt hilfsbereite, nette Menschen.

In Kadriye kamen wir zur Mittagszeit an. Rechtzeitig, denn wenn man so unterwegs ist, hungert man etwas. In einem kleinen Imbiss-Haus, wo man draußen unter Sonnenschirmen saß, aßen wir eine Kleinigkeit. Auch hatten die einen bekömmlichen, trockenen Weißwein, von dem wir zwei Gläser bestellten und sahen dem geschäftigen Treiben zu. Danach gingen wir über den Markt, wo Brigitte ihre Gewürze kaufte, die in Deutschland sehr teuer waren, um ihren Vorrat wieder aufzufüllen. Brigitte trank einen türkischen Tee, während ich beim Friseur war. Er schnitt mir die Haare nach meinen Anweisungen und stutzte mir den Bart. Dann zündete er einen am Spieß hängenden Wattebausch an, wartete einen Augenblick, bließ diesen aus, um mir die Ohrenhaare zu entfernen. Eine großartige, effektive Art. Danach fuhren wir ins Hotel zurück, wo wir uns für das Abendessen frisch machten. An der Bar nahmen wir, wie üblich unseren Raki ein. Nach dem Abendessen gingen wir nach draußen auf die Terrasse, um bei einem Glas Wein den Abend ausklingen zu lassen und die milden Temperaturen zu genießen.

Rasch ging der Urlaub zu Ende und wir flogen zurück nach München.

An Sylvester 2000 war Brigittes Bruder Alexander mit seiner Freundin Anke zu Besuch, um mit uns Sylvester zu verbringen. Bei einem Abendessen mit lustigem Bleigießen erwarteten wir das neue Jahr 2001. Vor lauter Bleigießen hatten wir die Zeit übersehen; plötzlich war es 24:00 Uhr. Draußen begann das Feuerwerk. Mit unseren gefüllten Sektgläsern gingen wir vor die Haustür, um mit den Nachbarn dem Feuerwerk zuzuschauen und auf das neue Jahr anzustoßen. Nach einer halben Stunde war das Spektakel vorbei. Wieder in unseren Räumen, hatte Brigitte eine Fischplatte mit diversen wohlschmeckenden Fischen vorbereitet. Dazu gab es eingelegte Silberzwiebeln und feine Gurken. Dieser Imbiss kam zur rechten Zeit.

Im Januar 2001 starb mein Vater nach langer schwerer Krankheit im Alter von nur 78 Jahren. Er erlag einer Asbestvergiftung, die er sich während der Arbeit zugezogen hatte und die ihn lange ans Bett fesselte. Aufgrund der Vergiftung erhielt meine Mutter eine gute Witwenrente.

Anfang Februar starb mein (Vater im Alter von 82 Jahren. Seit Jahren laborierte er an einer Prostatavergrößerung herum. Schon ein Jahr zuvor im November sahen wir bei einem Besuch in Karlsruhe, dass er blass und müde aussah. Trotzdem bewahrte er Haltung. Die Trauerfeier fand in einer Kirche in Karlsruhe statt. Persönlichkeiten von Nah und Fern würdigten ihn. Anschließend wurde er in Durlach beigesetzt, wo sie auch wohnten. Für Elfie, seine Frau, und den Kindern war es ein trauriger Tag. Für uns alle, wir hatten einen lieben und ehrenhaften Angehörigen verloren, was uns mit tiefer Traurigkeit erfüllte.

Wir alle haben nur eine bestimmte Zeit auf der Erde. Nutzt sie.

In den Osterferien flogen wir wieder in die Türkei, Belek, ins 5-Sterne-Hotel Adora. Wir lernten eine belgische Familie kennen. Brigitte freundete sich mit der Frau an. Vor dem Abendessen trafen wir uns in der Lobby auf einen Drink. Eines Tages, in der Mittagszeit, gab es draußen vor dem Restaurant Hamburger mit Salat und viel Ketchup. Unabhängig davon, dass die Frikadelle aus Lammfleisch bestand, schmeckte es doch recht gut. Eine Menge Kinder und Jugendliche aßen mit großem Appetit. Zuvor hatte ich noch nie Hamburger gegessen. Einhändig biss ich herzhaft hinein, das Ketchup lief nur so raus. Die Kinder lachten mich aus. Danach lernte ich von denen das Essen von Hamburgern. Die aßen diese mit beiden Händen und leckten nach jedem Bissen das Ketchup mit der Zunge ab. Alles lief ohne Kleckern ab.

Im Oktober im Jahr 2001 feierte der Lions Club Dachau sein 25-jähriges Bestehen. Mit vielen Ehrengästen und zahlreichen Glückwünschen. Diese Feier wurde schlichte gehalten und fand im großen Saal bei Weißenbecks statt. Es gab ein einfaches, schmackhaftes Menü und Getränke nach Wahl.

Unser Osterurlaub stand an. Diesmal ging es nach Ägypten, Hurghada zur Makadi Bay. Der Flugplatz Hurghada ist ein Militärflugplatz, der beschränkt auch nach vorheriger Anmeldung geöffnet wurde. Wie ich später erfuhr, hatten die hiesigen Hotels mit der Zentralregierung in Kairo eine Vereinbarung getroffen, die das erlaubte. Schließlich mussten Devisen ins Land kommen, damit die örtlichen Hotels überlebten.

Makadi Bay liegt eine Autostunde von Hurghada direkt am Meer und ist von Wüste umgeben. Alle Pflanzen in der Hotelanlage mussten bewässert werden. Ein großer Aufwand für das Gartenteam, das täglich die Anlage in Ordnung hielt. Das Hotel wurde straff geführt. Zimmer großzügig, Essen arabisch, halb kontinental. Das Beste, man bekam den Wein in Flaschen in einem Eiskühler neben dem Tisch serviert. Alle Achtung. Nach dem Abendessen ging es gewöhnlich noch in den Park. Dort stand eine Bar, in der man diverse Getränke bekam. Von Bier bis hin zu scharfen Getränken und selbstverständlich auch Softdrinks. Ab 21:00 Uhr wurde es kalt. Das typische Wüstenklima. Tagsüber sehr heiß, nachts sehr kalt – also Abmarsch ins Bett. Disco gab es nicht.

Das Außenschwimmbecken und die Wellnessanlage wurden von uns wenig genutzt, da wir meistens am Strand lagen, um die Sonne und die leichte Meeresbrise zu genießen. Etwa 100 m vom Strand entfernt, sah man ein kleines Riff.

Mit Schnorchel und Taucherbrille schwamm ich dorthin. Verschiedene Fische in vielerlei Farben empfingen mich. Zusätzlich ein Schwarm von silbernen Fischen. Als erstes schwamm ich in den Schwarm, sie machten bereitwillig Platz. So schwammen wir eine Weile miteinander. Dann schwamm ich mehrerer Male tauchenderweise um das Riff herum. Es wird einem bei einem solchen Erlebnis klar, auf welch zerbrechlichem Planeten namens Erde wir wohnen. Alles ist vernetzt und sollte in seiner Form geachtet werden. Bei meinem letzten Tauchgang in 10 m Tiefe, bei dem ich bis auf den Meeresgrund tauchte, stieß plötzlich eine Muräne aus dem Riffspalt. Diese haben scharfe Zähne, ihr Biss ist giftig und sie können Menschen in die Tiefe ziehen, bis sie jämmerlich ertrinken.

Brigitte besuchte einen arabischen Sprachkurs. Wir staunten nicht schlecht, als wir diese bei unserer Ankunft auf dem Bett liegen sahen.

An einem Tag unternahmen wir per Bus einen Ausflug nach Hurghada. Es war ein kleiner Ort, innerhalb einer Stunde hatte man alles gesehen. Als wir durch den Ort gingen, kamen wir an einer Metzgerei vorbei. Diese hatte keine Tür und keine Fenster. Die Fleischstücke hingen offen, ungekühlt an einem Haken. Heerscharen von Fliegen saßen darauf, appetitlicher Anblick. An einem anderen Geschäft hing ein blaues Aldi-Schild. Der Besitzer des Ladens hatte wohl Kontakt zu einem Aldi-Vertriebsmann, der ihm das besorgt hatte. Kaum sahen die anderen Touristen das, strömten sie in den Aldi-Laden. Was es dort gab, weiß ich nicht, aber mit Aldi assoziierten sie preiswertes Einkaufen.

Im Mai 2002 unternahmen wir mit dem Lions-Club eine Busfahrt nach Österreich in die Wachau, genauer nach Krems. Auf der Hinfahrt besuchten wir auch das Kloster Göttweig, das auf einer Hochebene lag. Erstaunlich, was die Mönche in den vergangenen Jahrhunderten dort geleistet hatten. In Krems angekommen, bezogen wir unser Quartier, ruhten uns aus. Danach, es war Mittag, nahmen wir einen kleinen Imbiss ein. Die obligatorische Stadtführung folgte. Eine fesche, junge Frau erläuterte die Historie der Stadt.

Abends war von der Winzergenossenschaft Krems in deren rustikaler Weinstube eine Weinprobe angesagt. Wir verkosteten verschiedene Veltliner Weiner beim Abendessen. Der Abend klang gemütlich aus.

Nach dem Frühstück wollten wir in Tschechien den historischen Ort Krumau besichtigen. Nach fünfstündiger Busfahrt kamen wir an der Grenze an. Dort stellte sich heraus, dass ihr Pass abgelaufen war. Der tschechische Grenzbeamte ließ die Frau nicht einreisen. Es wäre ein leichtes gewesen, sie mit einem Tagesvisum einreisen zu lassen. Der Grenzbeamte staunte nicht schlecht, als der Bus wendete. Er hatte wohl angenommen, dass wir die Frau auf der Rückreise von Krumau hier wieder abholen würden. Wir lassen doch keine Frau mehrere Stunden alleine zurück, um sie dann wieder abzuholen. Auf der Rückfahrt nach Deutschland kehrten wir zum Mittagessen in ein Restaurant ein.

Im Jahr 2003 war kein Urlaub angesagt – zu viele anderweitige Verpflichtungen hielten uns davon ab. Im Juli machten wir einen Ausflug zur Maier-Brauerei. Der Besitzer, Christof Meier, hatte uns zu einer Brauereibesichtigung mit Verköstigung der einzelnen Biersorten und anschließendem Imbiss im angegliederten Restaurant eingeladen. Die Maier Brauerei ist noch bis heute eine unabhängige Landbrauerei, unabhängig von den Münchner Brauereien. Alle Biersorten werden gebraut. Der Vertrieb erfolgt mit LKWs. Auch hiesige Supermärkte werden beliefert. Die Brauerei besteht heute noch.

Nach der Besichtigung wurden wir von unserem Lions-Freund Peter Niesen und Frau Ditgard zum Abendessen zu sich nach Hause. Annemarie war auch dabei. Die Niesens hatten ein altes Bauernhaus umgebaut und renoviert. Voller berechtigten Stolzes zeigten und kommentierten sie die Wohnung. In lockerer Runde klang der Abend aus. Brigitte fuhr uns bestens nach Hause.

Ende November 2003 feierte Brigittes Bruder seinen 50. Geburtstag in Füssen. Wir wohnten in einem schönen Hotel mit Wellnessanlage. Hans Dieter mit Monika und Hund waren auch dabei. Wir erlebten ein schönes, gemütliches Wochenende. Bei einem marktbesucht in Füssen probierte ich Käsespätzle, das schwäbische Grundgericht. Am Sonntag verabschieden wir uns und traten die Heimreise an.

Am 05.12.2003 holten wir Annemarie in Nürnberg ab und holten sie zu uns nach Niederroth. Von da an sollte sie für immer bei uns wohnen. Frau Kunzmann, ihre Nachbarin, mit der sie befreundet war, rief an. Sagte uns, die Oma sei zum wiederholten Mal in ihrer Wohnung gestürzt und meinte, dass sie nicht mehr allein in der Wohnung bleiben könnte. Auch ließ sie Essen auf Rädern nicht mehr in ihre Wohnung. Sie aß kaum noch etwas. Als wir sie abholten, staunten wir nicht schlecht. Sie hatte ihren Kummer wohl mit Hochprozentigem runtergespült. Leere Chantreflaschen lagen auf dem Boden gepaart mit leeren Rotweinflaschen herum. Diesmal war sie so schwer gestürzt, dass sie ein blaues Auge hatte. Gott sei Dank keine weiteren Verletzungen. Brigitte und mir war bewusst, dass wir ihr den Alkoholgenuss austreiben mussten. Von daher mischten wir den Rotwein immer mit viel Wasser. So gelang es uns, sie völlig abstinent zu halten.

Ein Jahr zuvor hatten wir unser Obergeschoss zu einer separaten, abgeschlossenen Wohnung umgebaut. Bauzeit 3 Monate; den größten Teil in Eigenregie. Michael und Stefan waren ausgezogen und wohnten in München zur Miete. Das war auch gut so – junge Menschen müssen sich von den Eltern abnabeln. In Friedrich Schillers Gedicht von der Glocke heißt es unter anderem „Stolz reißt er sich vom Vater los, durchmisst die Welt am Wanderstabe, fremd kehr er heim ins Vater Haus. Und herrlich in der Jugend prangen, sieht er die Jungfrau vor sich stehen" usw. Für uns beide war das auch gewöhnungsbedürftig.

Mittlerweile war Stefan von seiner Münchner Expedition wieder zurück und mietete sich oben ein – gegen Entgelt versteht sich. Wir fragten ihn, ob seine Oma Annemarie das Ostzimmer haben könne, das weit weg von seiner Wohnung lag. Das Zimmer von Annemarie hatte direkten Zugang zum ehemaligen Kinderbad, war ausgestattet mit Waschtisch, Dusche und WC. Er war einverstanden. Annemarie zog in das Zimmer ein. Vom Pflegedienst hatte sie ein neues Bett bekommen. Mittels elektrischem Handschalter konnte sie das Bett in verschiedene Positionen bringen. Auch zahlte sie eine kleine Miete an Stefan für ihr Zimmer.

Brigitte organisierte für sie in Dachau eine Tagespflege, Villa Sonnenschein. Ein kleines, überschaubares Pflegeheim, wo die Eigentümerin noch mitarbeitete. Annemarie fühlte sich dort sehr wohl. Morgens stand sie schon vor der Haustür, in Erwartung, vom Fahrdienst abgeholt zu werden. Annemarie, die sich bestens bei uns erholt hatte, wurde am 26.08.2004 80 Jahre alt, was gebührend gefeiert wurde. Alle ihre Kinder mit Ehefrauen und Enkeln waren dabei. Auch die weitere Verwandtschaft und meine Mutter waren dabei. Sogar Verwandtschaft aus Holland war angereist. Der Bürgermeister von Markt Indersdorf, Herr Kreitmeier, dessen Frau eine Kollegin von Brigitte war, gratulierte mit einem großen Geschenkkorb. Im Schlepptau die Presse, die alles im Bild festhielt. Das fand bei uns zu Hause statt. Gegen Abend war sie zum Essen von uns eingeladen nebst der Verwandtschaft. Wie immer bei solchen Anlässen, gingen wir ins Restaurant Weißenbeck. Der Wirt, Hans, begrüßte sie mit einem Kuss auf die Wange, was sie sichtlich genoss. Wir hatten ein Menü bestellt. Alle langten kräftig zu. Ja, Feiern ist fast schon Schwerstarbeit. Die Zeit verflog wie im Fluge.

Bei uns ging alles seinen gewohnten Gang. Annemarie machte gerne Ausflüge. Von daher fuhren wir mit dem

Auto – ich fuhr damals einen Mercedes S Klasse – an den Wochenenden durchs Dachauer Hinterland, eine leicht hügelige Landschaft. Wir spazierten durch die grüne Natur, erfreuten uns an verschiedenen Wildtieren, die wir in weiterer Umgebung sahen. Obligatorisch war, dass wir immer ein Mittagessen einnahmen, frei nach dem Motto „Arbeit getan, jetzt das Vergnügen". Schnell war der Herbst in all seiner Pracht da. Die wöchentlichen Spazierfahrten durch Flur und Feld waren umso schöner. Der Winter darf kommen.

Mitte Juli findet in Dachau immer das Stadtfest statt. Die Hauptstraße wurde gesperrt. An einer langen Tafel konnten die Besucher Platz nehmen, Essen, Trinken und gemütlich beisammen sein. Sämtliche Freunde und Bekannte mit ihren Familien traf man dort. Das dauerte meist den ganzen Tag. Den Sommer über blieben wir zu Hause, freuten uns über unser Anwesen, schwammen im Pool. Abends grillten wir.

In den Herbstferien verbrachten wir unseren Urlaub in der Türkei. Diesmal im Hotel Kaja Selekt Resort und Spa. Diesmal hatten wir schlechtes Wetter. Was heißt schlechtes Wetter, das Wetter ist, wie es ist. Es regnete und war sehr kalt. Im temperierten Hallenbad schwammen wir bei 30 Grad Celsius. Anschließend gingen wir ins Haman, das türkische Dampfbad mit seinem heißen Stein. Dort wurden von Masseuren auch Massagen angeboten. Grundsätzlich gingen wir immer korrekt gekleidet zum Abendessen – zur Freude des Personals, die es schätzten, wenn ihre Gäste stilvoll gekleidet waren. Wie immer exzellentes Essen und Getränke.

Am 11.12.2005 wurde ich 60 Jahre alt. Ich hatte mich mit Brigitte entschieden, im alten Schulhaus in Dachau am Marktplatz zu feiern. Dieses war zu einer Gaststätte mit angeschlossener Markthalle umgebaut worden. Es war mall etwas anderes, als immer in die üblichen Restaurants zu gehen. Um 18:30 Uhr fing die Veranstaltung an. Der Wirt hatte am Eingang zur Gaststätte brennende Fackeln aufgestellt. Für alle ein Hingucker. Die Gäste strömten mit Begeisterung an den brennenden Fackeln vorbei in die Gaststätte.

Die Marktinhaber hatten einen Teil des Marktes offengelassen, sodass das Publikum den Markt samt unverderblicher Ware erleben konnten. Einige von den Händlern waren sogar vor Ort, um ihre Ware zu verkaufen. Einige der Damen kauften auch gleich ein. Alle mit einem Aperitif in der Hand, begrüßten Brigitte und ich unsere Gäste. Herr Rumrich mit seiner Frau, ein Kollege von Brigitte, war an der Schule für Theateraufführungen zuständig. Er hielt eine honorige Rede auf mich und auf meinen 60. Geburtstag.

Zum Essen gab es Ente mit Blaukraut und Knödeln, typisch bayerisch. Alle aßen mit Genuss, dazu passend gab es Bier oder Rotwein nach Wahl. Einige nahmen noch einen Nachschlag, weil es ihnen so gut schmeckte. Gegen 02:00 Uhr löste sich die Party auf.

Alle Verwandten waren in Dachau beim Griechen untergebracht, der auch Zimmer vermietete. Am nächsten, späten Morgen, an Stelle von Frühstück, brunchten wir auf Griechisch. Meine Mutter bedankte sich nochmals für den schönen Abend. Nach dem Brunchen brachten wir sie und die Kölner Sippe zum Bahnhof. Die Verabschiedung fiel meiner Mutter schwer, sie hatte Tränen in den Augen. Für uns war der Tag gelaufen. Zu Hause fielen wir ins Bett und schliefen bis zum nächsten Morgen.

Es folgte das Jahr 2007. Anfang Juli waren wir bei Anton und Ulrike Hörl, die wir schon lange kannten und die ich auch für den Lions Club Dachau gewinnen konnte, zur Fohlentaufe eingeladen. Auf ihrem großen Anwesen in Dachau wurde eine professionelle Reiterschau von seiner Schwiegertochter gezeigt. Im Anschluss wurde in einem großen Zelt das Essen serviert. Ein uns bekannter Italiener sorgte mit köstlichen Speisen für das Wohl aller. Die ganze Schickeria aus Dachau und Umgebung war anwesend.

LSI hatte in früheren Zeiten Luftbilder von seinen Ziegelwerken in Dachau und Gersthofen bei Augsburg fotografiert. Diese sollten in einen Firmenprospekt kommen. Die Ziegelwerke heißen offiziell Hörl und Hartmann. Ulrike ist eine geborene Hartmann, deren Vater auch eine Ziegelei in Dachau hatte und mit den Dachauer ???? zusammengelegt wurde.

Mitte Juli waren wir auf Bayern-Fahrt. Diese führte über Passau mit seinen zahlreichen Sehenswürdigkeiten nach Viechtach und zurück in den Reblingerhof, der kurz hinter Viechtach liegt. Ein 1a Hotel mit einer formidablen Wellness-Anlage. Zufällig war am 21.07. auch unser Hochzeitstag. Aus diesem Grund hatte ich ein reichhaltiges Menü bestellt, wo auch etwas fischiges dabei war.

Dazu einen trockenen Weißwein. Am nächsten Tag traten wir die Rückfahrt an.

In Regensburg, der alten Kaiserstadt und Sitz der Thurn und Taxis, gab es in einer Gaststätte Hase mit Blaukraut und Knödeln. Mh, das schmeckte mir, nach all dem feinen Essen zuvor. Dazu ein leckeres Bier.

Im August hatten wir ein Familientreffen. Birgit äußerte den Wunsch, ihre Familie vorzustellen. Unsere Gäste, insbesondere die von Birgits Seite, waren von dem Haus, der Gartenanlage und dem Schwimmbad sehr angetan.

Auch waren meine Mutter Elfie und Christian dabei. Wir hatten uns vor einiger Zeit ein Edelstahlbüffet angeschafft, das nun zum Einsatz kam. An unserem Esstisch war nicht genug platziert, weswegen wir noch einen Gartentisch mit Stühlen im Wohnzimmer platzierten. Wie immer bei solchen Veranstaltungen kam Hunger auf. Ich weiß nicht mehr, was Brigitte an diesem Tag wieder für das warme Buffet gezaubert hatte. Bei Bier, Wein und Säften schmeckte es allen. Am Spätnachmittag löste sich die Gesellschaft auf. Wir waren geschafft. Von daher hatte sich Brigitte eine Auszeit verdient.

Mit ihrer Freundin Monika machte sie im Allgäu, Oberstaufen im Hotel Königshof eine Woche Kombinationsurlaub. Wie üblich Wellness, Ruhen, Wandern und Schönheitskuren belegen.

Am 02.09.2007 wurde Elfie 70 Jahre alt. Im Kreis aller Familienmitglieder wurde zu Hause gefeiert. Elfie war bekannt dafür, dass sie ihren Gästen stets leckere Gerichte darbot. Für diesen Tag hatte sie ein Buffet bereitgestellt, dazu verschiedene Getränke.

Es nahte auch Brigittes runder Geburtstag. Sie wollte nicht feiern, hatte aber die Rechnung ohne mich gemacht. Ohne dass Brigitte etwas ahnte, lud ich unsere Verwandten, Freunde und Bekannten zu ihrem 60sten Geburtstag ein. Damit ich in Ruhe alles vorbereiten konnte, schickte ich sie nach München, um einige Besorgungen zu machen. Denkste, mitten in den Vorbereitungen rief Birgit an und sagte, sie hätte Brigitte auf der Fahrt nach Niederroth gesehen. Wie sich herausstellte, hatte sie die Besorgungen in Dachau erledigt. So kam sie früher zurück. In meiner Verzweiflung sagte ich zu ihr, sie solle doch nach unten ins Gästezimmer gehen. Das machte sie erst recht stutzig, aber sie ging.

Kaum war ich fertig, kamen auch schon die ersten Gäste. Meine Mutter, die schon am Vortag angereist war, war als erste da, weil sie meinte, ihrem Sohn bei den Vorbereitungen helfen zu müssen. Zu allen sagte ich, dass sie sich doch etwas leise unterhalten sollen. Zweck war, dass möglichst viele Gäste da waren, wenn sie wieder rauf käme. Das funktionierte auch. Langsam wurde es ihr im Gästezimmer zu langweilig und sie kam die Treppe herauf, machte die Tür auf, sah die vielen Leute und war völlig überrascht. Alle gratulierten ihr und stießen mit einem Glast Sekt auf ihr Wohl an. Die Gäste bedienten sich an dem kleinen Buffet, das ich aufgebaut hatte. So feierten wir bis in den späten Nachmittag hinein.

Bei Weißenbeck's hatte ich einen Tisch bestellt, wobei ich den Beiden sagte, dass ich die genaue Personenzahl noch nicht kenne. Hans meinte, das mache nichts. Wenn's nicht reicht, wird noch ein Tisch dazu gestellt. Gegen 17:00 Uhr fuhr die Gesellschaft ins Restaurant. Dort war alles aufs Feinste vorbereitet. Es gab nochmals einen alkoholfreien Aperitif – Bellini (alkoholfrei?) mit Minze und Trauben. Barbara hatte mir vorher geraten, auf die Vorspeise zu verzichten, da das Hauptgericht reichlich sei.

Als alle Platz genommen und Getränke bestellt hatten, kam das Essen. Es gab herbstlich angepasst Ente mit Blaukraut und Kartoffelknödeln. Zum Nachtisch bayerisch Creme oder Mousse au Chocolate. Gegen Mitternacht verabschiedete sich die Gesellschaft. Wir beide waren geschafft, schliefen sofort ein.

Mit 50 Jahren hat man den Point of break even erreicht, dann geht's bergab.

Weihnachten wurde nach dem alten Ritual vollzogen. Kirche, Essen, Bescherung. Für Annemarie sollte es das letzte Weihnachtsfest werden. Kurz vor Sylvester wurde sie mit einer Lungenentzündung ins Krankenhaus Indersdorf eingewiesen. Die Ärzte bemühten sich sehr um sie, mit Antibiotika und Sauerstoff, der permanent zugeführt wurde. Wir benachrichtigten Brigittes Brüder Hans Dieter und Detlef. Die kamen am Wochenende mit ihren Frauen. Annemarie erkannte sie noch. Trotz aller ärztlichen Bemühungen starb Annemarie Ende Januar. Vorher kam noch eine evangelische Pfarrerin, die Brigitte kannte. Sie gab Annemarie den letzten Segen.

Annemarie hatte sich immer gewünscht, verbrannt zu werden und im Familiengrab in Hemsbach/Bergstraße beigesetzt zu werden. So wurde es auch gemacht. Anfang Februar wurde die Urne ins Grab getragen, in dem auch ihr Ehemann Walter bestattet war. So waren sie wieder vereint.

Der anschließende Leichenschmaus, bei dem ich nochmals ihre Lebensgeschichte vortrug, war nicht nur von Traurigkeit, sondern auch von Freude geprägt. Der kleine Maximilian lief unbekümmert durch das Restaurant; alle wussten, das Leben geht weiter.

Danach kam Hans Dieter zu mir, dankte mir, lud mich zu einem klaren Schnaps ein. Detlef gesellte sich dazu. Es hat mir gutgetan, zu sehen, wie sie sich um mich bemühten.

Zurück ins Jahr 2008. Am 07.01.2008 wurde Maximilian Arthur zur Freude von Stefan und Birgit im Dachauer Krankenhaus geboren. Jetzt war auch Annemarie als Uroma dabei. Alle freuten sich auf den Stammhalter, an dem alles dran war.

Am 23.08.2008 fand die kirchliche Trauung von Stefan und Birgit in der Friedenskirche zu Dachau statt. Ein Tag zuvor hatte die standesamtliche Trauung stattgefunden. Eine schöne Trauung. Stefan im weißen Anzug, Birgit im weißen Kleid – so standen sie vor dem Traualtar. Der Pfarrer hielt eine kurze, eindrucksvolle Rede.

Nach dieser Zeremonie wurde der kleine Maximilian getauft. Birgit hielt ihn über das Weihwasserbecken, der

Pfarrer tröpfelte Wasser über seine Stirn. Das gefiel Maximilian gar nicht. Er schrie aus vollem Halse, war nicht zu beruhigen. Da stand der Opa auf, ging mit ihm mehrmals den Gang auf und ab, dann war er plötzlich still. Alles schmunzelte, als ich sagte, ohne den Opa geht es nicht. Im Gasthaus Prummer wurde bei Musik und bayerischem Essen gefeiert. Alle Verwandten und Freunde waren dabei. Ich hielt eine Rede, in der wir der Familie eine gute Zeit für ihr weiteres Leben wünschten. Später wurde noch getanzt.

Ende Mai großes Fest bei den Weißenbecks, Hans wurde 60 Jahre. Bei schönem Wetter feierten wir bei Blasmusik. Alle waren gekommen, um an diesem Tag dabei zu sein. Essen und Getränke vom Feinsten, wir ließen es uns schmecken. Gegen Mitternacht fuhren wir nach Hause.

Im August wurde Monika, die Frau von Hans Dieter, 60 Jahre, wozu wir eingeladen waren. Wir feierten in einem ausgezeichneten Restaurant in der Nähe. Es hieß zum Vogelpark. Allerlei Vögel zwitscherten dort, darunter viele bunte Vögel aus fernen Ländern.

Schnell war Nikolaus, Weihnachten und Sylvester da. Alles nach den üblichen Ritualen. Maximilien war mit einem Jahr dabei. Unter anderem bekam er vom Christkind (bei uns gibt es keinen Weihnachtsmann mit seinem blödsinnigen Ho Ho Ho) einen Schlitten mit Seitenhalterung. Diesen schob er mit Hilfe Birgits Mutter Karin durch die Wohnung. Von seinen Eltern bekam er eine stehende Katze geschenkt, die das Lied „Eine Katze lief im Schnee" spielte. Dies hörte er besonders gern.

Am 01.03.2009 wurde Brigittes Tante 80 Jahre, zu dem wir eingeladen waren. Die Feier fand in Bühl in Baden statt. Eine ihrer Töchter, Conny, war mit Joachim (Yogi) Schorn verheiratet. Yogis Vater hatte sich nach dem Krieg ein Imperium von 120 Mietwohnungen aufgebaut. In einem dortigen Restaurant fand die Feier statt. Stefan hatte während der Schulferien im elterlichen Betrieb von Yogi ein Praktikum gemacht. Bemerkenswert ist, dass Stefan dort gut bezahlt wurde. Das war absolut unüblich. Der Star des Abends nach Erna war der kleine Maximilian.

Von allen wurde er geknuddelt und gehätschelt. Ich liebe das badische Essen, auch den Müller-Thurgau. Zum Essen gab es Ratsherrntopf mit Schweineschnitzel, Spätzle und Gemüse. Lecker. Es lag wieder an mir, die Rede auf die Jubilarin zu halten. Sie war gelungen, wie der heftige Applaus zeigte. Gegen Mitternacht gingen wir inklusive Maxis ins Bett. Die Jungen wollten noch etwas bleiben. Am nächsten Tag nach dem Frühstück verabschiedeten wir uns und fuhren nach Hause.

Ostern kam der Osterhase für Maxi. Jetzt konnte er schon gut laufen. Das Eiersuchen und die weiteren kleinen Geschenke bereiteten ihm sichtlich Freude.

An einem Wochenende vom 11. bis 13.12.2009 wurden wir von Conny und Yogi zum Hundsbach eingeladen, wo sie eine Freizeitanlage besaßen. Dort konnten wir auch übernachten. Als wir ankamen, gratulierten sie mir zum Geburtstag. Danach war Arbeit angesagt. Der Forellenteich, der mit frischem Gebirgswasser gespeist wurde, wurde abgelassen und 30 Lachsforellen entnommen. Anschließend mussten sie ausgenommen und filetiert werden. Das war Frauenarbeit. Wir Männer – 2 Freunde von Yogi waren auch dabei – grillten ein halbes Schwein auf dem Grill. Zum Kühlen von innen gab es ein Bier. Um diese Jahreszeit gab es da oben schon Schnee. Warme Kleidung war angesagt. Inzwischen war auch Erna mit Svenja, der Tochter von Conny und Yogi dabei. Zusammen ließen wir es uns schmecken. Ein Teil wurde eingefroren, ein anderer den Freunden mitgegeben. Zum allgemeinen Verständnis: Brigitte ist die Cousine von Conny. Die beiden haben sich seit jeher gut verstanden. Am nächsten Tag war Abreise. Conny gab uns noch einige Forellen mit.

Im neuen Jahr, 2010, gab es an einem Wochenende die Lachsforellen aus Hundsbach. Dazu gab es Blattspinat, Salzkartoffeln und verschiedene Getränke dazu. Allen schmeckte es. Opa wollte und bekam prompt seinen geliebten Müller-Thurgau. Übrigens stammt der Name von einem Schweizer, der diese Rebsorte kultivierte.

Zum zweiten Geburtstag von Maxi wurden seine Freunde eingeladen. Weiterhin war Maxi sehr sportlich und ging regelmäßig mit seiner Oma turnen.

Ostern 2010 buken Brigitte und Maxi Osterfladen. Mit Begeisterung war Maxi dabei. Er sammelte bunte Ostereier und kleine Geschenke ein. Im Juli grillte Stefan am Schwimmbad ein Spanferkel. Zum Essen war auch die Verwandtschaft von Birgit eingeladen. Bei Bier und anderen Getränken ließen wir uns das Spanferkel schmecken.

Für 3 Nächte hatten wir die Kinder zu Besuch. Brigitte hatte wieder aufgekocht. Es gab Rouladen, Spätzle, Knödel und Gemüse. Vor dem Mittagessen tollten Michael und Stefan mit Maxi und Bene herum. Hund Ghandi, eine Deutsche Dogge, war seit April da und freundete sich gleich mit den Buben an. Merkwürdig, wie dieser große Hund liebevoll mit ihnen umging. Anderntags besuchten wir in Weyarn das Wildgehege. Dem Bene war das nicht ganz geheuer mit den Viechern, insbesondere die mit dem Geweih wurden argwöhnisch beäugt. Im Wohnzimmer bauten wir mit Lego einen Turm bis unter die Decke. Zwischendurch half Opa, dass er nicht umfiel.

Am 10.11.2010 fuhren wir frühmorgens mit dem Auto nach Hambühren bei Celle, um den 60. Geburtstag von Dieter und meiner Schwester zu feiern. Meine Schwester war allerdings schon im August 60 geworden. Zusammen waren sie 120 Jahre. Das ist schon ein Wert für sich. Alle waren da. Oma Trude, Patrick- Gittas Sohn aus erster Ehe – mit Frau und Kindern. Birgit, die mit dem zweiten Kind schwanger war, welches sie im Januar erwartete, war mit Maxi auch dabei. Die Geburtstagsfeier wurde in einem rustikalen Restaurant etwas außerhalb von Hambühren abgehalten. Bei guten Essen war ich wieder einmal auserkoren, die Geburtstagsrede zu halten.

Unseren Hochzeitstag am 21.07. verbrachten wir in Bad Griesbach im Aktiv-Hotel Residenz. Ein kleines gepflegtes Hotel mit Thermalschwimmbecken und einer Wellnessanlage. Wir dachten ein wenig über die vergangene Zeit nach, um dann schnell wieder in die Wirklichkeit zu kommen. Die Gastronomie wurde vom Wastl Wirt betrieben. Prinzipiell buchten wir immer Halbpension. Wir hatten keine Lust, abends in den Ort zu fahren, da das Hotel etwas außerhalb lag. Abends gab es ein viergängiges Menü, welches keine Wünsche offen ließ. Dazu Bier und Wein. So genossen wir unseren Hochzeitstag. Nach einem reichhaltigen Frühstück traten wir am nächsten Tag die Heimreise an.

Brigittes Cousine, die Schwester von Conny und ihre Tochter Celine meldeten sich zum Münchener Oktoberfest an. Sie übernachteten bei uns. Heike war Friseurmeisterin mit angemietetem Geschäft. Im selben Haus betrieb Celine im Untergeschoss ihr Nagelstudio. Kurz vor ihrer Abreise nahmen sie Brigitte unter ihre Fittiche. Heike schnitt Haare, Celine polierte und lackierte ihre Nägel.

Es folgte das Jahr 2013. Im April begannen Schüler unter Anleitung eines Fachmanns, unser altes Schulhaus in Niederroth zu renovieren. Brigitte fragte in Absprache mit der Schulleitung ihre Kochklasse, ob sie Interesse hätte, für die Bauschüler zu kochen und das Mittagessen zuzubereiten. Sie hatte überwiegend Mädchen, aber ein paar Bugen waren auch dabei. Die Zutaten, außer Getränken, spendierte Brigitte. Die Bauschüler und ihr Leiter aßen mit Genuss, lobten die Köche, fragten Brigitte, ob sie so lange Mittagessen kommen könnten, bis sie mit ihrem Projekt fertig wären. Selbstverständlich. Einige waren Schüler aus Niederroth. Es sprach sich im Ort herum, was die Lehrerin bewerkstelligte. Die Eltern dankten Brigitte überschwänglich, wenn sie sie trafen. Später erhielt Brigitte von der Schulleitung und der Gemeinde ein Dankschreiben. Darüber war sie sehr stolz – zurecht – wie ich meine.

Ende Juli 2013 wurde Brigitte nach 45 Dienstjahren aus dem Schuldienst entlassen. Die Schulleitung fragte sie, ob sie nicht an 3 Tagen in der Woche beim Schwimm- und Sportunterricht aushelfen könne. Sie konnte. Ihre erbrachten Leistungen wurden von der VHS Markt Indersdorf abgerechnet, da sie freie Mitarbeiterin war.

Zu ihrem Geburtstag am 07.11. bekam Brigitte von Michael einen Gutschein für 2 Personen über ein 16-gängiges Menü geschenkt. Er hatte in seinem Urlaub auf Thailand den Chefkoch des Restaurant le potager kennengelernt. Als wir in dem Restaurant ankamen, bekamen wir als erstes einen Begrüßungsaperitif. Zuerst dachte ich, als die erste kleine Portion kam „davon werde ich nicht satt". Nach dem 10. Gang war ich aber satt.

Am Nikolaustag fuhr der Nikolaus Brigitte mit ihrem Knecht Ruprecht Horst nach Reichertshofen. Brigitte im Nikolauskostüm, ich mit schwarzer Kutte, Rute und Schneekette zum Rasseln. Die Kinder empfingen uns mit einem Liedchen, saßen brav auf dem Sofa. Der Kaminofen brannte, es war eine heimelige Stimmung. Die Kinder schauten mit großen Augen und voller Erwartung. Der Nikolaus fragte als erstes, ob sie übers Jahr brav gewesen wären und den Eltern gefolgt hätten. Dann erzählte der Nikolaus die Geschichte vom heiligen Nikolaus. Am Ende sagte der Nikolaus „Knecht Ruprecht, mach den Sack auf – die Kinder haben ihre Geschenke verdient". So einfach war das aber nicht. Knecht Ruprecht widersetzte sich den Anweisungen des Nikolaus. So einfach kamen sie nicht davon. Knecht Ruprecht schlug mit der Rute auf den Kaminofen, rasselte mit der Kette und sagte zu den Kindern, das müsse auch nächstes Jahr so bleiben, sonst stecke er sie in den Sack. Jetzt erst öffnete Knecht Ruprecht den Sack, holte Leckereien und Spielsachen raus und gab sie dem Nikolaus, der diese an die Kinder verteilte.

Sie bedankten sich für die Leckereien und Spielsachen mit einem Ständchen auf der Blockflöte. Birgit blieb bei den Kindern. Stefan führte uns aus dem Wohnzimmer. Im Gäste-WC zogen wir uns um, warteten noch 5 Minuten, derweil Stefan wieder ins Wohnzimmer ging. Leise gingen wir zur Haustür, klingelten, Birgit öffnete, führte uns ins Wohnzimmer. Brigitte fragte, ob der Nikolaus schon da gewesen wäre, da wir uns verspäteten hatten, weil so viel Verkehr auf der Straße war. Sie ahnten nichts. Aufgeregt zeigten sie ihre Spielsachen, die der Nikolaus gebracht hatte. Bene sagte, der Knecht Ruprecht hätte aber böse ausgeschaut. Na also, eine gewisse Strenge gehört dazu.

Weihnachten 2013. Wie üblich Heiligabend, Kirchgang in die Friedenskirche Dachau, Kinder dabei, Predigt und Krippenspiel, gut.

Brigitte hatte währenddessen die Stühle am Esstisch mit weißen Hussen bezogen. Auf den Tellern lagen beschriftete silberne Christbaumkugeln mit den Namen der Gäste. Nach dem Essen gingen die Kinder mit mir nach draußen, um kleine Geschenke an die Nachbarn zu übergeben bzw. vor die Haustüren zu stellen. Zwischenzeitlich hatte die Familie die Geschenke aus dem verschlossenen Arbeitszimmer geholt und unter den weihnachtlich geschmückten Tannenbaum gelegt. Als wir zurückkamen, las der Opa noch die diesjährige Weihnachtsgeschichte vor, wobei die Erwachsenen mehr lauschten als die Kinder, die sehnsüchtig auf die Bescherung warteten.

Dann war es so weit, die Kinder holten abwechselnd die Geschenke unter dem Baum und überreichten diese an den jeweiligen Empfänger. Das funktionierte nur bedingt, da sie, sobald sie ein Geschenk mit ihrem Namen drauf gefunden hatten, mit dem Auspacken anfingen. Richtig so. Die anderen sollen sich ihre Geschenke selbst holen. Gegen 22:00 Uhr war alles vorbei. Die Geschenke wurden eingepackt, alle fuhren nach Hause. Meistens lassen wir den Tag nochmals bei einem Glas Wein Revue passieren. Am 1. Weihnachtsfeiertag schlafen wir aus, am 2. Weihnachtsfeiertag sind wir meist irgendwo eingeladen.

Seit ihrer Geburt feiern wir die Geburtstage von Maxi, 7. Januar, und Bene, 14. Januar, indem wir zu ihnen nach Reichertshofen fahren, ihnen gratulieren und die Geschenke übergeben. Darüber freuen sie sich, aber auch, weil Oma und Opa da sind.

Im April 2014 feierte Conny am 11.04. ihren 60. Geburtstag. Wir und Stefan mit Familie sind eingeladen. Die Feier fand im Ort Hundsbach in einem sehr netten Restaurant statt. Für uns war das praktisch, weil wir in ihrer Freizeitanlage übernachten konnten. Es gab ein ausgezeichnetes Essen. Alles fand in guter Stimmung statt. Am nächsten Tag verabschiedeten wir uns und fuhren zu Oma Elfie nach Karlsruhe. Dort trafen wir auch Thimo, den Sohn von Hans Dieter und Monika, Lana Marlene und Luis, die etwa im gleichen Alter waren wie unsere Enkel. Elfie hatte zum Mittagessen eingeladen. Die Kinder vergnügten sich beim Spielen. Nach dem Essen verabschiedeten uns und traten die Heimreise an.

Im August waren Maxi und Bene in den Ferien bei uns. Brigitte, Maxi und Bene rührten mit Geschick den Pizzateig an. Anschließend mit verschiedenen Zutaten belegen und ab in den Backofen. Etwas später war die Pizza fertig. Mit großem Genuss aßen sie die Pizza. Schließlich war es ihre Pizza. Im Herbst durften Maxi und Bene ein Pony namens Flumi betreuen. Sie durften auf ihm reiten.

Der Autor

Horst Czernik wurde im Dezember 1945 in Fortuna, Kreis Bergheim/Erft, Nähe Köln geboren.

Fortuna (römische Göttin des Glücks) ist ein Kunstname, nämlich der von den Rheinischen Braunkohlenwerken, die für den Abbau von Braunkohle im Tagebau verwendet wurden. Auch der Ort, indem die Mitarbeiter der Firma wohnten, hieß so.

Seit über 50 Jahren ist er mit seiner Frau Brigitte verheiratet.

Seine Hobbys sind der Fußball, das Skifahren und interessante Bücher lesen, etwa „Der Zorn des Oktopusses".

Der Verlag

novum VERLAG FÜR NEUAUTOREN

> *Wer aufhört
> besser zu werden,
> hat aufgehört
> gut zu sein!*

Basierend auf diesem Motto ist es dem novum Verlag ein Anliegen, neue Manuskripte aufzuspüren, zu veröffentlichen und deren Autoren langfristig zu fördern. Mittlerweile gilt der 1997 gegründete und mehrfach prämierte Verlag als Spezialist für Neuautoren in Deutschland, Österreich und der Schweiz.

Für jedes neue Manuskript wird innerhalb weniger Wochen eine kostenfreie, unverbindliche Lektorats-Prüfung erstellt.

Weitere Informationen zum Verlag und
seinen Büchern finden Sie im Internet unter:

w w w . n o v u m v e r l a g . c o m